ARZNEIMITTEL- UND APOTHEKENRECHT
der Deutschen Demokratischen Republik

Gesetzessammlung mit Kommentar

3. Lieferung

Herausgegeben von

OPhR. Prof. Dr. sc. nat. JOACHIM RICHTER
OPhR. Prof. Dr. sc. phil. Dr. rer. nat. HANS-JOACHIM SEIDLEIN
OPhR. Dr. rer. nat. MANFRED BÖHM
Diplom-Jurist HANS GEORG KEUNE

AKADEMIE-VERLAG · BERLIN 1981

Erschienen im Akademie-Verlag, DDR-1080 Berlin, Leipziger Straße 3–4

Lizenznummer: 202 · 100/527/81
Gesamtherstellung: VEB Druckhaus „Maxim Gorki“, 7400 Altenburg
Bestellnummer: 762 721 4 (3069/3) · LSV 2097, 2887
Printed in GDR
DDR 30,– M

Hinweise zur Einordnung der 3. Lieferung in das Arzneimittel- und Apothekenrecht der DDR — Gesetzessammlung mit Kommentar —

Die 3. Lieferung ist nach Entfernen der nachstehend genannten Seiten wie folgt einzuordnen:

Zu entfernen:	**Einzuordnende Teile der 3. Lieferung**
Verzeichnis der Abkürzungen S. 1—3 (1. Lieferung)	Verzeichnis der Abkürzungen S. 1—3
Kapitelinhaltsverzeichnis Kapitel B S. 1 (2. Lieferung)	Kapitelinhaltsverzeichnis Kapitel B S. 1
	B **03** 43 S. 1—5 B **05 02** 60 S. 1—4 B **05 02** 60 Kom. S. 1
	Ergänzungsinhaltsverzeichnis Kapitel C S. 1—5
	C **02 05** 10 S. 1—8 C **02 05** 20 S. 1—4 C **02 05** 35 S. 1—6 C **03 01** 31 S. 1 C **03 03** 50 S. 1—2 C **03 04** 10 S. 1—2 C **03 05** 10 Faltblatt C **03 90** 01 S. 1 C **05 04** 50 S. 1 C **05 06** 10 Int. S. 1—7 C **05 06** 20 Int. S. 1—3

C **05 06** 60	S. 1–4
C **05 08** 10	S. 1–2
C **05 09** 20	S. 1–8
C **05 09** 21	S. 1
C **05 09** 80	S. 1
C **05 12** 50	S. 1–2
C **05 12** 80	S. 1
C **05 12** 85	S. 1
C **06 04** 01	S. 1–21

C **06 04** 01 S. 1–16 (2. Lieferung)
C **06 04** 05 S. 1–7 (2. Lieferung)
C **06 04** 06 S. 1–6 (2. Lieferung)

C **06 05** 41	S. 1–7
C **06 07** 13	S. 1–4
C **06 08** 30	S. 1–3
C **06 08** 35	S. 1–2
C **06 09** 58	S. 1–2
C **06 09** 65	S. 1–2
C **06 08** 66	S. 1–2
C **06 09** 80	S. 1–3
C **06 10** 20	S. 1–5
C **06 13** 05	S. 1
C **08** 20	S. 1–5
C **08** 30	S. 1–3
C **09** 35	S. 1–8
C **09** 36	S. 1–7
C **09** 45	S. 1–2
C **09** 50	S. 1–3
C **09** 70	S. 1–2
C **10** 30	S. 1

Kapitelinhaltsverzeichnis Kapitel D S. 1

D **02** 20	S. 1–4
D **02** 50	S. 1–5
D **04** 50	S. 1–2
D **04** 55	S. 1
D **06** 10	S. 1–10

Kapitelinhaltsverzeichnis Kapitel F S. 1 (1. Lieferung) S. 1 (2. Lieferung) F **06** 01 S. 1—2 (2. Lieferung)	Kapitelinhaltsverzeichnis Kapitel F S. 1—2 F **04** 02 S. 1—8 F **06** 01 S. 1—2
Kapitelinhaltsverzeichnis Kapitel I S. 1 (1. Lieferung)	Kapitelinhaltsverzeichnis Kapitel I S. 1 I **03** 60 S. 1—4 I **03** 70 S. 1—4
Sachregister S. 1—20 (1. Lieferung) S. 1—8 (2. Lieferung)	Sachregister S. 1—34

Abkürzungen

AAR	Arzneimittel- und Apothekenrecht der DDR – Gesetzessammlung mit Kommentar
AB	Arzneibuch
2. AB-DDR	2. Ausgabe des Arzneibuches der DDR
ABK	Arzneibuchkommission
Abs.	Absatz
Abschn.	Abschnitt
AFW	Arzneifertigware
AGB	Arbeitsgesetzbuch
ALB	Allgemeine Leistungsbedingungen
AMG	Arzneimittelgesetz
Änd.	Änderung
Änd. Anw.	Änderungsanweisung
ÄndAO	Änderungsanordnung
ÄndBkm	Änderungsbekanntmachung
ÄndBest.	Änderungsbestimmung
ÄndGes.	Änderungsgesetz
ÄndVO	Änderungsverordnung
Anm.	Anmerkung
Anl.	Anlage
Anw.	Anweisung
AO	Anordnung
ASMW	Amt für Standardisierung, Meßwesen und Warenprüfung
ARK	Arzneimittelrecht der DDR — Kommentar RICHTER, J. und KEUNE, H.-G., Berlin: Akademie-Verlag 1972
Art.	Artikel
ASAO	Arbeitsschutzanordnung
ASBSAO	Arbeits- und Brandschutzanordnung
ASVO	Arbeitsschutzverordnung
BAI	Bezirksapothekeninspektion
Ber.	Berichtigung
BGB	Bürgerliches Gesetzbuch
Bkm	Bekanntmachung

Beschl.	Beschluß
BSAO	Brandschutzanordnung
Buchst.	Buchstabe
DAB	Deutsches Arzneibuch
DAB 7-DDR	Deutsches Arzneibuch, 7. Ausgabe, Deutsche Demokratische Republik
DAB 7/DL-DDR	Deutsches Arzneibuch, 7. Ausgabe, Deutsche Demokratische Republik – Band Diagnostische Laboratoriumsmethoden
DAnw.	Durchführungsanweisung
DAO	Durchführungsanordnung
DB	Durchführungsbestimmung
DVO	Durchführungsverordnung
EEG	Elektroencephalogramm
EG	Einführungsgesetz
EKG	Elektrokardiogramm
ELN	Erzeugnis- und Leistungsnomenklatur
Erg.	Ergänzung
ErgAO	Ergänzungsanordnung
ErgBkm	Ergänzungsbekanntmachung
ErgVO	Ergänzungsverordnung
ff.	und folgende (Seiten)
FIP	Fédération Internationale Pharmaceutique
GBl. I	Gesetzblatt Teil I
GBl. II	Gesetzblatt Teil II
GfA	Gesetzessammlung für Apotheker Loseblattsammlung mit Nachträgen; SEIDLEIN, H.-J. und BÖHM, M. Berlin: Staatsverlag der DDR 1961
ggf.	gegebenenfalls
Ges.	Gesetz
i. d. F.	in der Fassung
IFAP	Institut für Apothekenwesen
IFAR	Institut für Arzneimittelwesen der DDR
i. V. m.	in Verbindung mit
LMG	Lebensmittelgesetz
MBl.	Ministerialblatt
MfGe	Ministerium für Gesundheitswesen
MfLFN	Ministerium für Land-, Forst- und Nahrungsgüterwirtschaft
N. J.	Zeitschrift „Neue Justiz", Staatsverlag der DDR
Pharmaz. Prax.	„Pharmazeutische Praxis", Beilage zur Zeitschrift „Die Pharmazie", ab 1978 selbständige Zeitschrift, Verlag Volk und Gesundheit
PAO	Preisanordnung
PBS	Produktionsbegleitschein

Reg.-Nr.	Register-Nummer
RGBl.	Reichsgesetzblatt des Deutschen Reiches bis 1945
RGW	Rat für Gegenseitige Wirtschaftshilfe
RL	Richtlinie
RKO	Rahmenkrankenhausordnung
S.	Seite
s.	siehe
s. a.	siehe auch
SAAS	Staatliches Amt für Atomsicherheit und Strahlenschutz
SDr.	Sonderdruck
SIFIN	Staatliches Institut für Immunpräparate und Nährmedien
SKISI	Staatliches Kontrollinstitut für Seren und Impfstoffe
SR	Standardrezepturen
StGB	Strafgesetzbuch
SVPM	Staatliches Versorgungskontor für Pharmazie und Medizintechnik
TGL	Technische Normen, Gütevorschriften und Lieferbedingungen, Symbol für Standards der DDR
TKO (P)	Technische Kontrollorganisation (Pharmazie)
VD	Versorgungsdepot für Pharmazie und Medizintechnik
Vfg.	Verfügung
VO	Verordnung
VuM MfGe	Verfügungen und Mitteilungen des Ministeriums für Gesundheitswesen
VuM MLFN	Verfügungen und Mitteilungen des Ministeriums für Land-, Forst- und Nahrungsgüterwirtschaft
VVB	Vereinigung Volkseigener Betriebe
WHO	World Health Organisation
Zbl.	Zentralblatt
ZGA	Zentraler Gutachterausschuß für Arzneimittelverkehr
ZGB	Zivilgesetzbuch
Ziff.	Ziffer
ZIM	Zentrales Informationsmaterial für Ärzte und Apotheker
ZPO	Zivilprozeßordnung
ZVOBl.	Zentralverordnungsblatt

Kapitelinhaltsverzeichnis

Kapitel B
Allgemeine gesundheitsrechtliche Grundlagen

Anweisung über die Rechtsfähigkeit medizinisch-wissenschaftlicher Gesellschaften

vom 10. September 1976

(VuM MfGe Nr. 11 S. 65)

Auf der Grundlage der Verordnung vom 6. November 1975 über die Gründung und Tätigkeit von Vereinigungen (GBl. I Nr. 44 S. 723) wird folgendes angewiesen:

I.

Die nachstehend aufgeführten medizinisch-wissenschaftlichen Gesellschaften sind rechtsfähig. Für ihre Tätigkeit finden die Vorschriften der §§ 4, 5, 11 und 16 der Verordnung über die Gründung und Tätigkeit von Vereinigungen[1]) Anwendung.

1. Die Gesellschaft für klinische Medizin der DDR und die ihr angeschlossenen Fachgesellschaften der DDR
   - Gesellschaft für Allgemeinmedizin der DDR
   - Gesellschaft für Anaesthesiologie und Reanimation der DDR
   - Gesellschaft der Augenärzte der DDR
   - Gesellschaft für Bronchopneumonologie und Tuberkulose der DDR
   - Gesellschaft für Chirurgie der DDR
   - Gesellschaft für Dermatologie der DDR
   - Gesellschaft für Endokrinologie und Stoffwechselkrankheiten der DDR
   - Gesellschaft für Gastroenterologie der DDR
   - Gesellschaft für Gerontologie der DDR
   - Gesellschaft für Geschwulstbekämpfung der DDR
   - Gesellschaft für Gynäkologie und Geburtshilfe der DDR
   - Gesellschaft für Hämatologie und Bluttransfusion der DDR
   - Gesellschaft für Klinische und Experimentelle Immunologie der DDR
   - Gesellschaft für Innere Medizin der DDR
   - Gesellschaft für Kardiologie und Angiologie der DDR
   - Gesellschaft für Medizinische Mykologie der DDR
   - Gesellschaft für Nephrologie der DDR
   - Gesellschaft für Neurochirurgie der DDR
   - Gesellschaft für Neuroelektrodiagnostik der DDR
   - Gesellschaft für Neuropathologie der DDR
   - Gesellschaft für Orthopädie der DDR
   - Gesellschaft für Osteologie der DDR

- Gesellschaft für Otorhinolaryngologie und cervicofaciale Chirurgie der DDR
- Gesellschaft für Pädiatrie der DDR
- Gesellschaft für Perinatale Medizin der DDR
- Gesellschaft für Physiotherapie der DDR
- Gesellschaft für Psychiatrie und Neurologie der DDR
- Gesellschaft für Ärztliche Psychotherapie der DDR
- Gesellschaft für Medizinische Radiologie der DDR
- Gesellschaft für Rheumatologie der DDR
- Gesellschaft für Sportmedizin der DDR
- Gesellschaft für Ultraschalldiagnostik der DDR
- Gesellschaft für Urologie der DDR
- Medizinische Gesellschaft der DDR zum Studium der Lebensbedingungen und der Gesundheit

sowie den Territorialgesellschaften

- Gesellschaft der Ärzte des Bezirkes Gera
- Medizinisch-wissenschaftliche Gesellschaft Eichsfelder Ärzte
- Medizinisch-wissenschaftliche Gesellschaft an der Medizinischen Akademie Erfurt
- Medizinischer Verein Greifswald
- Medizinische Gesellschaft Magdeburg
- Medizinische Gesellschaft des Bezirkes Potsdam
- Medizinische Gesellschaft Rostock
- Medizinische Gesellschaft Zwickau
- Medizinische Gesellschaft der Bezirke Cottbus — Frankfurt/Oder

2. Die Gesellschaft für experimentelle Medizin der DDR und die ihr angeschlossenen Fachgesellschaften der DDR

   - Gesellschaft für Anatomie der DDR
   - Biochemische Gesellschaft der DDR
   - Gesellschaft für Bio-Medizinische Technik in der DDR
   - Gesellschaft für gerichtliche Medizin der DDR
   - Gesellschaft für klinische Chemie und Laboratoriumsdiagnostik der DDR
   - Gesellschaft für Neurowissenschaften der DDR
   - Gesellschaft für Pathologie der DDR
   - Gesellschaft für Pathophysiologie der DDR
   - Gesellschaft für Pharmakologie und Toxikologie der DDR
   - Gesellschaft der Physiologen in der DDR
   - Gesellschaft für Topochemie und Elektronenmikroskopie der DDR
   - Gesellschaft für Zell- und Gewebezüchtung der DDR

sowie den Territorialgesellschaften

- Berliner Physiologische Gesellschaft
- Wissenschaftliche Gesellschaft für Theoretische Medizin und Grenzgebiete an der Medizinischen Akademie „Carl-Gustav-Carus“ Dresden
- Medizinisch-wissenschaftliche Gesellschaft für Theoretische Medizin und Grenzgebiete Halle

3. Die Gesellschaft für die gesamte Hygiene der DDR und die ihr angeschlossenen Fachgesellschaften der DDR

   - Gesellschaft für Allgemeine und Kommunale Hygiene der DDR
   - Gesellschaft für Arbeitshygiene und Arbeitsschutz in der DDR
   - Gesellschaft für Ernährung in der DDR
   - Gesellschaft für Geschichte der Medizin in der DDR
   - Gesellschaft Krankenhauswesen in der DDR
   - Gesellschaft für Mikrobiologie und Epidemiologie in der DDR
   - Gesellschaft für Rehabilitation in der DDR
   - Gesellschaft Sozialhygiene der DDR

4. Die Gesellschaft für Stomatologie der DDR und die ihr angeschlossenen Fachgesellschaften der DDR

   - Gesellschaft für Kiefer-Gesichts-Chirurgie der DDR
   - Gesellschaft für Kinderstomatologie der DDR
   - Gesellschaft für Konservierende Stomatologie der DDR
   - Gesellschaft für Orthopädische Stomatologie der DDR
   - Gesellschaft für Parodontologie der DDR
   - Gesellschaft für Prothetische Stomatologie der DDR

5. Die Pharmazeutische Gesellschaft der DDR

6. Die Gesellschaft für Militärmedizin der DDR

II.

Die in Ziffer I genannten medizinisch-wissenschaftlichen Gesellschaften üben ihre Tätigkeit auf der Grundlage der Statuten aus, die von den Mitgliederversammlungen der Gesellschaften beschlossen werden.
Die Statuten sowie deren Änderungen und Ergänzungen bedürfen der Genehmigung des Ministers für Gesundheitswesen.

III.

Die Anweisung tritt mit ihrer Veröffentlichung in Kraft.[2])

[1]) §§ 4, 5, 11 und 16 der VO über die Gründung und Tätigkeit von Vereinigungen haben folgenden Wortlaut:

§ 4

(1) Jede Vereinigung muß nach ihrer Gründung eine Leitung sowie ein Statut, eine Satzung oder Ordnung (nachfolgend Statut genannt) haben.

(2) Die Leitung muß aus mehreren, entsprechend dem Statut gewählten Personen bestehen.

§ 5

Das Statut einer Vereinigung muß Festlegungen enthalten über

a) Name und Sitz der Vereinigung,
b) Charakter, Ziel, Tätigkeitsbereich sowie Struktur der Vereinigung,
c) Aufgaben, Rechte und Pflichten sowie Einberufung und Beschlußfassung der Mitgliederversammlung bzw. der anderen durch das Statut bestimmten Organe,
d) Zusammensetzung, Aufgaben, Rechte und Pflichten sowie Wählbarkeit der Leitung,
e) Rechte und Pflichten der Mitglieder,
f) Ein- und Austritt der Mitglieder,
g) Finanzierung, Eigentumsverhältnisse, Haftung und Vertretung im Rechtsverkehr,
h) Beendigung der Tätigkeit der Vereinigung und die damit verbundene Abwicklung der Geschäfte.

§ 11

Die Mitgliedschaft von Bürgern und Vereinigungen der Deutschen Demokratischen Republik in internationalen Vereinigungen sowie in Vereinigungen, die außerhalb der Deutschen Demokratischen Republik ihren Sitz haben, und die Aufnahme von Beziehungen mit diesen sowie die Mitgliedschaft von Bürgern oder Vereinigungen anderer Staaten und Berlin (West) in Vereinigungen in der Deutschen Demokratischen Republik bedarf der Zustimmung des zuständigen zentralen staatlichen Organs.

§ 16

(1) Wer vorsätzlich oder fahrlässig entgegen den Bestimmungen dieser Verordnung

a) eine Vereinigung gründet oder ihre Gründung fördert, die Tätigkeit einer Vereinigung organisiert bzw. unterstützt, eine Vereinigung nicht unverzüglich auflöst oder ihre Tätigkeit fortsetzt,
b) Änderungen und Ergänzungen des Statuts nicht oder nicht fristgemäß bestätigen läßt oder personelle Veränderungen der Leitung nicht fristgemäß mitteilt,
c) den Sitz einer internationalen nichtstaatlichen Vereinigung in der Deutschen Demokratischen Republik begründet oder einer internationalen Vereinigung bzw. einer Vereinigung, die außerhalb der Deutschen Demokratischen Republik ihren Sitz hat, als Mitglied angehört oder Beziehungen mit diesen herstellt oder Bürger bzw. Vereinigungen anderer Staaten und Berlin (West) als Mitglied aufnimmt oder führt,

kann mit Verweis oder Ordnungsstrafe von 10 bis 500 M belegt werden.

(2) Ist eine vorsätzliche Handlung nach Abs. 1 aus Vorteilstreben oder ähnlichen, die gesellschaftlichen Interessen mißachtenden Beweggründen oder wiederholt innerhalb von 2 Jahren begangen und mit Ordnungsstrafe geahndet worden, kann eine Ordnungsstrafe bis zu 1000 M ausgesprochen werden.

(3) Gegenstände, die zur Begehung einer Ordnungswidrigkeit benutzt werden oder auf die sich die Ordnungswidrigkeit bezieht, können neben anderen Ordnungsstrafmaßnahmen oder selbständig eingezogen werden.

(4) Die Durchführung des Ordnungsstrafverfahrens obliegt den Vorsitzenden der Räte der Stadt- oder Landkreise bzw. Bezirke, deren zuständigen Stellvertretern, den Leitern der zuständigen zentralen staatlichen Organe, dem Leiter der Hauptabteilung Innere Angelegenheiten des Ministeriums des Innern und den Leitern der Dienststellen der Deutschen Volkspolizei.

(5) Für die Durchführung des Ordnungsstrafverfahrens und den Ausspruch von Ordnungsstrafmaßnahmen gilt das Gesetz vom 12. Januar 1968 zur Bekämpfung von Ordnungswidrigkeiten — OWG — (GBl. I Nr. 3 S. 101) in der Fassung der Ziff. 29 der Anlage zum Gesetz vom 19. Dezember 1974 zur Änderung des Strafgesetzbuches, des Anpassungsgesetzes und des Gesetzes zur Bekämpfung von Ordnungswidrigkeiten (GBl. I Nr. 64 S. 591)."

[2]) In Kraft getreten am 25. 10. 1976.

Anweisung über die Rahmenrichtlinie für die Jahresplanung in den Einrichtungen des Gesundheits- und Sozialwesens — Rahmenrichtlinie —

vom 20. Mai 1977

(VuM MfGe Nr. 7 S. 49)

— Auszug —

I

(1) Im Interesse der weiteren Erhöhung der Qualität der Leitung und Planung wird mit der „Rahmenrichtlinie für die Jahresplanung in den Einrichtungen des Gesundheits- und Sozialwesens — Rahmenrichtlinie —" (Anlage) eine einheitliche und verbindliche Regelung zur Ausarbeitung der betrieblichen Pläne geschaffen.

(2) Die Rahmenrichtlinie geht von den methodischen Festlegungen der „Ordnung der Planung der Volkswirtschaft der DDR 1976 bis 1980 — Planungsordnung" (Sonderdruck des GBl. Nr. 775a) aus und gilt für den Zeitraum bis 1980. Sie ist für die Ausarbeitung der Pläne der Einrichtungen ab 1978 verbindlich anzuwenden.

(3) Die Rahmenrichtlinie ist von örtlich geleiteten Einrichtungen des staatlichen Gesundheits- und Sozialwesens und von den zentral geleiteten Einrichtungen des Ministeriums für Gesundheitswesen, die Betreuungsaufgaben wahrnehmen, anzuwenden.
Sie ist abgestimmt auf größere Einrichtungen, wie:

- Krankenhäuser (ab 100 Betten),
- Polikliniken,
- Einrichtungen des Blutspende- und Transfusionswesens,
- Kureinrichtungen,
- Krippen und Heime (ab 50 Plätzen),
- Krippenvereinigungen,
- Feierabend- und Pflegeheime (ab 50 Plätzen),
- zentrale Heimverwaltungen,
- größere selbständige Rehabilitationseinrichtungen.

(5) Diese Rahmenrichtlinie gilt nicht für das Apothekenwesen.

II

Diese Anweisung tritt mit ihrer Veröffentlichung in Kraft[1]). Die entsprechenden, in den Jahren 1972[2]) und 1973[3]) veröffentlichten Rahmensystematiken zur Erarbeitung der Pläne der Einrichtungen werden damit gegenstandslos.

„Rahmenrichtlinie für die Jahresplanung in den Einrichtungen des Gesundheits- und Sozialwesens“

Berlin, im April 1977

Gliederung des Planes der Einrichtung

Abschnitt I

Medizinische und soziale Betreuung

A. Medizinische Betreuung

2. Funktionsbereich

Hauptaufgabe dieser Fachgebiete ist die Erhöhung von Qualität und Wirksamkeit der Diagnostik und Therapie durch indikationsgerechten Einsatz ihrer fachspezifischen Methoden.
Es sind alle Möglichkeiten zur Verkürzung der Anmelde- und Wartezeiten der Bürger voll zu nutzen.

2.2. Labor- und Funktionsdiagnostik

beispielsweise:

Erhöhung der Qualität und der Leistungsfähigkeit sowie Ausbau der Kapazitäten auf der Grundlage des Stufenprogramms

- Maßnahmen zur Gewährleistung der wissenschaftlich begründeten indikationsgerechten Leistungsabforderung
- Einführung standardisierter Methoden
- Auswertung der externen und internen Qualitätskontrolle
- Einführung teilautomatisierter Verfahren
- weitere Maßnahmen zur Verbesserung der Befundauswertung und -übermittlung
- effektiver Einsatz der vorhandenen personellen und materiellen Fonds

4. Blutspende- und Transfusionswesen

Maßnahmen zur vorrangigen Erfüllung folgender Aufgaben:

- Sicherung der Blutspendeuntersuchungen bei Außenterminen durch Personal des örtlichen Gesundheitswesens
- Kontinuierliche Steigerung der Gesamtblutabnahme
- Herstellung gerinnungsaktiver Plasmafraktionen

— Umrüstung bzw. Erweiterung der Gefriertrocknungskapazität entsprechend dem zentral vorgegebenen Anlagenplan
— Herstellung gewebsantigenarmer Erythrozytenkonzentrate für die Hämodialyse, die prae- und postoperative Hämotherapie durch Entwicklung der Tiefkühlkonservierung für klinische Zwecke
— Bedarfsgerechte Versorgung des Institutes für Impfstoffe Dessau mit Ausgangsmaterial zur Herstellung von Human-Album und Human-Gamma-Globulin
— Erhöhung der Zuführung von Seren zur Herstellung blutgruppenspezifischer Testserien aus SIFIN
— Gewinn von Ausgangsmaterial zur Herstellung von Human-Immunglobulin Anti-D und Human-Immunglobulin anderer Spezifitäten
— Ausbau der Transplantationsimmunologie in den Einrichtungen, die als Partner der Nierentransplantationszentren fungieren

Abschnitt VII

Materielle, personelle und finanzielle Voraussetzungen

1. Kapazitäten und Leistungen

1.3. Kapazitäten und Leistungen des Funktionsbereichs

1.3.1. Kapazitätsangaben zum Labor (Angaben lt. Laborstufenprogramm)

1.3.2. Anzahl der Laboruntersuchungen nach ausgewählten Untersuchungsarten (möglichst nach Laborleistungspunkten), z. B.

— klinisch-chemische Untersuchungen
— hämatologische Untersuchungen
— hormonanalytische Untersuchungen
— Fettstoffwechsel-Untersuchungen
— Gerinnungsuntersuchungen
— Eiweißdifferenzierung

1.3.3. Anzahl der Röntgenleistungen nach ausgewählten Untersuchungsarten

1.3.4. Anzahl hochwertiger funktionsdiagnostischer Geräte (mindestens EEG, EKG, Endoskopie-Geräte) — Auswahl —

1.3.5. Anzahl ausgewählter funktionsdiagnostischer Leistungen

1.5. Leistungen des Blutspende- und Transfusionswesens

1.5.1. Anzahl der Blutabnahmen

1.5.2. Anteil der Rotkreuzblutspender an den Gesamtspendern

1.5.3. Anteil der gerinnungsaktiven Plasmafraktionen an den abzunehmenden Blutkonserven

4. Haushalt und Finanzen

4.2. Haushaltskennziffern für ausgewählte Bereiche

4.2.1. Stationärer Bereich

— Ausgaben für Arzneimittel je Krankenbett (Plan) und KVT[4]) insgesamt

4.2.2. Ambulanter Bereich

— Ausgaben für Arzneimittel (Sprechstundenbedarf) je ärztlicher Arbeitsplatz und Jahr

[1]) In Kraft getreten am 28. 7. 1977.
[2]) „humanitas" Beilage Nr. 8/72 und 24/72
[3]) „humanitas" Beilage Nr. 2/73 und 6/73
[4]) Krankenhaus-Versorgungstage

Kommentar zu B 05 02 60

Die Rahmenrichtlinie legt in sehr ausführlicher Weise Grundsätze für Vorbereitung und Ausarbeitung der Planentwürfe zum Volkswirtschaftsplan und für die Ausarbeitung der Pläne der Einrichtungen im Gesundheits- und Sozialwesen fest. Sie ist insbesondere für Gesundheitseinrichtungen gedacht, die — wie Krankenhäuser, Polikliniken, Krippen sowie Feierabend- und Pflegeheime — unmittelbar der medizinischen Betreuung dienen (siehe hierzu Ackermann, E. und A. H. Bär: „Hohes Niveau der Leitung und Planung, Neue Rahmenrichtlinie für die Planung in den Einrichtungen", humanitas **17**, Nr. 18 (1977)und Bär, A. H.: „Neue Rahmenregelungen für Pläne der Einrichtungen", Sozialistische Finanzwirtschaft **31**, Nr. 6 (1977)).
Gemäß ausdrücklicher Regelung im Abschn. I Abs. 5 gilt die Rahmenrichtlinie deshalb nicht für das Apothekenwesen. Andererseits enthält die Richtlinie u. a. Hinweise zur Planung der Labor- und Funktionsdiagnostik als Bestandteil des Funktionsbereichs von Gesundheitseinrichtungen. Darüber hinaus ist die Richtlinie entsprechend ihrem Abschn. I Abs. 3 auch in Einrichtungen des Blutspende- und Transfusionswesens anzuwenden, die als Hersteller von Blut- und Blutderivat-Konserven auch als Arzneimittelbetriebe gelten (siehe hierzu § 4 Buchst. b der Ersten DB zum AMG, abgedruckt unter C **01** 02 und § 1 Abs. 2 Buchst. d der 7. DB zum AMG, abgedruckt unter C **01** 08). Planungshinweise zur Labor- und Funktionsdiagnostik sind im Abschn. I unter Ziff. 2.2., Abschn. VII unter Ziff. 1.3.2. und 1.3.5. enthalten.
Schließlich weist die Richtlinie als obligatorische Haushaltskennziffern in Abschn. VII unter Ziff. 4 Ausgaben für Arzneimittel (getrennt für stationäre und ambulante Gesundheitseinrichtungen) aus.

Ergänzungsinhaltsverzeichnis

Kapitel C
Arzneimittelrecht

Anordnung über die Güte, Abnahme und Bewertung von Arznei- und Gewürzpflanzen

vom 31. Mai 1961

(GBl. II Nr. 38 S. 237)

§ 1

Für die Abnahme von Arznei- und Gewürzpflanzen von den Erzeugern und Sammlern durch die Erfassungsbetriebe für Arznei- und Gewürzpflanzen gelten die Güte-, Abnahme- und Bewertungsbestimmungen (Anlage).

§ 2

Die Leiter der zuständigen Erfassungsbetriebe sind verpflichtet, dafür Sorge zu tragen, daß

a) diese Bestimmungen auf allen Abnahmestellen für Arznei- und Gewürzpflanzen durch öffentlichen Aushang bekanntgegeben werden;

b) die bei der Abnahme von Arznei- und Gewürzpflanzen beschäftigten Personen über die richtige Anwendung dieser Bestimmungen geschult werden.

§ 3

(1) Diese Anordnung tritt am 1. Juli 1961 in Kraft.

Anlage

zu vorstehender Anordnung

Güte-, Abnahme und Bewertungsbestimmungen für Arznei- und Gewürzpflanzen

I.

Grundbestimmungen

1. Die zur Ablieferung kommenden Arznei- und Gewürzpflanzen müssen in einem ihrem Verwendungszweck entsprechenden Reifegrad geerntet sein. Wurzeln und Wurzelstöcke dürfen nur bei frostfreier Witterung geerntet sein.

2. Die Pflanzen müssen auf natürliche Art oder durch Warmluft getrocknet sein.[1]) Die natürliche Farbe und der arteigene Geruch müssen erhalten sein.
3. Die Arznei- und Gewürzpflanzen dürfen keinen Schimmel- oder qualitätsmindernden Schädlingsbefall aufweisen.
4. Wurzeln und Knollen aus dem Anbau sollen möglichst ohne Schmutzbesatz angeliefert werden (Basisnorm 0%). Der Schmutzbesatz bei Wurzeln und Knollen aus der Wildsammlung darf 10% (Basisnorm) nicht übersteigen.
5. Partien mit einem Besatz bis 0,1% mit Ausnahme von Giftpflanzen gelten als frei von Besatz.
6. Enthält eine Partie Besatz an Giftpflanzen, so ist die Ware zu verwerfen. Das gilt auch für Partien, die noch kurz vor der Ernte mit giftigen Pflanzenschutzmitteln gegen Krankheiten oder Pflanzenschädlinge behandelt wurden. Es ist daher erforderlich, vor Anwendung von Pflanzenschutzmitteln bei Arznei- und Gewürzpflanzen einen Vertreter der Kreisstelle für Pflanzenschutz bzw. des Pflanzenschutzamtes beim Rat des Bezirkes hinzuzuziehen.
7. Arznei- und Gewürzpflanzen, die nicht den Bestimmungen der Abschnitte I und IV entsprechen, sind von den Erfassungsbetrieben zurückzuweisen. Den Ablieferern sind entsprechende Hinweise zu geben, ob und auf welche Art die angebotenen Partien so aufbereitet werden können, daß eine Verwendung möglich ist.

II.

Bewertungsmethodik

1. Der Wassergehalt der Drogen ist durch den Klein-Feuchtemesser I unter Verwendung der für Drogen angefertigten Ablesetabellen zu ermitteln.[2])
2. Die äußere Beschaffenheit, der Geruch und die Farbe der Drogen sind durch Sinnesprüfung zu ermitteln.
   Der Anteil an Besatz ist durch Auslesen bzw. durch Aussieben festzustellen.
3. Zur Ermittlung des Schmutzbesatzes bei Wurzeln, Wurzelstöcken oder Knollen ist von der angelieferten Partie eine, bei größeren Mengen mehrere Proben von je etwa 10 bis 50 kg zu ziehen.
   Die Probemasse, die nicht egalisiert werden darf, ist zu wiegen. Nach der Gewichtsfeststellung sind die Wurzeln zu reinigen, wobei auch die oberirdischen Teile, soweit es notwendig ist, bis auf die zulässige Höchstgrenze zu entfernen sind. Die gereinigte Probemasse ist zurückzuwiegen.
   Die Differenz zwischen beiden Wägungen mal 100, dividiert durch die ungereinigte Probemasse ergibt die Schmutzprozente.
4. Die Ermittlung des Schmutzbesatzes sowie die Bewertung der angelieferten Arznei- und Gewürzpflanzen hat bei der Entgegennahme der Ware in Gegenwart des Lieferers zu erfolgen.

III.

Ausnahmebestimmungen

In Ausnahmefällen kann der Erfassungsbetrieb Partien von Arznei- und Gewürzpflanzen, die nicht den Bestimmungen des Abschnittes IV entsprechen, abnehmen und diese für Rechnung des Ablieferers zu einer Ware, die den Forderungen für die Qualitäten I oder II entspricht, aufbereiten.

IV.

Bewertung der Arznei- und Gewürzdrogen

	Qualität I		Qualität II	
A — Allgemeine Bestimmungen —				
1. Blatt- und Krautware				
a) Wassergehalt	Kraut bis	14%	Kraut bis	14%
	Blätter bis	12%	Blätter bis	12%
b) Besatz	Kraut bis	1%	Kraut bis	3%
	Blätter	—	Blätter bis	1%
c) Beschaffenheit	in der Form erhalten		in der Form weitgehend erhalten	
d) Farbe	natürliche Farbe		geringe Farbabweichungen	
2. Wurzeln, Wurzelstöcke und Knollen				
a) Wassergehalt	bis	12%	bis	12%
(Hauhechel	bis	15%	bis	15%)
b) Besatz wildwachsend	bis	10%	bis	10%
aus dem Anbau	bis	10%	bis	20%
c) Beschaffenheit	ohne oberirdische Teile		bis 5 cm oberirdische Teile	
d) Farbe	natürliche Farbe		geringe Farbabweichung	
3. Blüten				
a) Wassergehalt	bis	12%	bis	12%
b) Besatz		—	bis	1%
c) Beschaffenheit	in der Form erhalten		in der Form weitgehend erhalten	
d) Farbe	natürliche Farbe		geringe Farbabweichung	
4. Früchte und Samen				
a) Wassergehalt	bis	12%	bis	12%
(Senf, schwarzer	bis	10%	bis	10%)
b) Besatz	bis	1%	bis	10%
c) Beschaffenheit	in der Form erhalten		in der Form weitgehend erhalten	
d) Farbe	natürliche Farbe		geringe Farbabweichungen	

Tabelle (Fortsetzung)

	Qualität I	Qualität II
5. Rinden		
a) Wassergehalt	bis 10%	bis 10%
b) Beschaffenheit	bis 5 mm Stärke ohne Holzanteile	bis 10 mm Stärke
B — Besondere Bestimmungen —		
1. Baldrianwurzeln		
a) Wassergehalt	wie allgemeine Forderungen	
b) Besatz	bis 20%	über 20%
c) Beschaffenheit	Wurzeln gewaschen oder gut ausgeklopft, große Wurzeln gespalten oder auseinandergerissen	Wurzeln gewaschen oder gut ausgeklopft, große Wurzeln gespalten oder auseinandergerissen
d) Farbe, äußere	graubraun bis gelbbraun	geringe Farbabweichungen
2. Angelikawurzeln		
a) Wassergehalt b) Besatz	wie allgemeine Forderungen	
c) Beschaffenheit	gut ausgeklopft; Bockauer Zopfangelika, gewaschen, oberirdische Teile bis 2 cm Länge	
d) Farbe, innen	gelblichweiß	schwach bräunlich
3. Eibischwurzeln		
a) Wassergehalt b) Besatz	wie allgemeine Forderungen	
c) Beschaffenheit	gut entwickelt gewaschen, starke Wurzeln gespalten	schwach entwickelt (verkümmert) gewaschen, starke Wurzeln gespalten
	geschälte Wurzeln ohne oberirdische Teile	
d) Farbe, innen	gelblichweiß	geringe Farbabweichungen
4. Pfefferminzkraut		
a) Wassergehalt	bis 14%	bis 14%
b) Besatz	bis 1%	bis 2%
c) Beschaffenheit	wie allgemeine Forderungen	
d) Anteil Blatt: Stengel	45:55[3])	40:60[3])
e) Erntezeit	vor der Blüte	

Tabelle (Fortsetzung)

	Qualität I		Qualität II	
5. Melissekraut				
a) Wassergehalt	bis	14%	bis	14%
b) Besatz	bis	1%	bis	2%
c) Beschaffenheit	wie allgemeine Forderungen			
d) Anteil Blatt: Stengel	40:60[3])		35:65[3])	
6. Majorankraut				
a) Wassergehalt	bis	14%	bis	14%
b) Besatz	bis	1%	bis	3%
c) Beschaffenheit	in der Form erhalten, frei von Wurzelteilen		in der Form weitestgehend erhalten, frei von Wurzelteilen	
d) Farbe	grün		graugrün	
e) Anteil Blatt und Knospe: Stengel	55:45[3])		45:55[3])	
f) Erntezeit	bei Beginn der Blüte			
7. Salbeikraut				
a) Wassergehalt	bis	12%	bis	12%
b) Besatz		—	bis	2%
c) Beschaffenheit	wie allgemeine Forderungen			
d) Farbe	silbergrau bis graugrün		geringe Farbabweichungen	
e) Anteil Blatt: Stengel	70:30[3])		60:40[3])	
f) Erntezeit	vor der Blüte			
8. Spitzwegerich				
a) Wassergehalt	bis	12%	bis	12%
b) Besatz	bis	1%	bis	3%
c) Beschaffenheit d) Farbe	wie allgemeine Forderungen			
c) Blütenstengelanteile	bis	5%	bis	15%
9. Thymiankraut				
a) Wassergehalt	bis	12%	bis	12%
b) Besatz		—	bis	2%
c) Beschaffenheit	wie allgemeine Forderungen			
d) Farbe	graugrün		geringe Farbabweichungen	

Tabelle (Fortsetzung)

	Qualität I		Qualität II	
10. Kamillenblüten, Echte				
a) Wassergehalt	bis	10%	bis	10%
b) Besatz		—		—
c) Beschaffenheit	Blütenboden muß kegelförmig und hohl sein			
	Stiellänge 1—2 cm		Stiellänge bis 3 cm	
	Anteil der Blüten mit längeren Stielen darf 5% nicht übersteigen sonstige Beschaffenheit wie allgemeine Forderungen			
11. Kamillenblüten, Römische				
a) Wassergehalt	bis	10%	bis	10%
b) Besatz		—		—
c) Beschaffenheit	voll aufgeblüht, Mindestgröße der Blüten 1 cm ⌀		nicht voll aufgeblüht	
	sonstige Beschaffenheit wie allgemeine Forderungen			
d) Farbe	leuchtend weiß		schwach verfärbt	
12. Malvenblüten, Schwarze				
a) Wassergehalt	bis	10%	bis	10%
b) Besatz		—		—
c) Beschaffenheit	wie allgemeine Forderungen			
d) Farbe	schwarzpurpur mit graugrünem Kelch		geringe Farbabweichungen	
13. Malvenblüten, Blaue				
a) Wassergehalt	bis	10%	bis	10%
b) Besatz		—		—
c) Beschaffenheit	ohne Anteile von abgeblühten Blüten, sonstige Beschaffenheit wie allgemeine Forderungen			
d) Farbe	dunkelviolett		geringe Farbabweichungen	
14. Ringelblumenblüten				
a) Wassergehalt	bis	10%	bis	10%
b) Besatz		—		—
c) Beschaffenheit	Blüten gefüllt ohne Stiele, Anteile halbgefüllter Blüten bis 5%		Anteile halbgefüllter Blüten über 5%	
	ohne Anteile abgeblühter Blüten, bis 2% Anteile der Blüten mit Stiellängen bis 3 cm			
d) Farbe	natürlich		geringe Farbabweichungen	

Tabelle (Fortsetzung)

	Qualität I	Qualität II
15. Fenchelfrüchte		
a) Wassergehalt	bis 10%	bis 10%
b) Besatz	bis 1%	bis 10% (davon 2% artfremd)
	(nichtausgebildete Früchte, die durch das 1-mm-Schlitzsieb fallen, gelten als Besatz)	
c) Beschaffenheit	wie allgemeine Forderungen	
d) Farbe	grün bis gelbgrün, Anteil der grau oder braun verfärbten Früchte bis 10%	grün bis bräunlich grau, Anteil der grau oder braun verfärbten Früchte bis 25%
16. Korianderfrüchte		
a) Wassergehalt	bis 10%	bis 10%
b) Besatz	bis 1%	bis 10% (davon höchstens bis 2% artfremd)
	(nichtausgebildete Früchte, die durch das 1-mm-Schlitzsieb fallen, gelten als Besatz)	
c) Beschaffenheit	Anteil zerschlagener Früchte bis 20%	Anteil zerschlagener Früchte über 20%
	sonstige Beschaffenheit wie allgemeine Forderungen	
d) Farbe	gelbbraun	gelb-dunkel-braun
17. Kümmelfrüchte		
a) Wassergehalt	bis 10%	bis 10%
b) Besatz	bis 1%	bis 10% (davon höchstens 2% artfremd)
c) Beschaffenheit	wie allgemeine Forderungen	

V.

Anrechnung und Bezahlung

1. Die Anrechnung der angelieferten Arznei- und Gewürzpflanzen auf die vertragliche Liefermenge erfolgt nach dem angelieferten Gewicht, wobei die in Qualität I abgelieferten Partien vorrangig auf die Pflichtablieferung zu verrechnen sind. Überschreitungen der in den Abschnitten I und IV festgelegten Basisnormen für Wassergehalt und Besatz sind gewichtsmäßig in Abzug zu bringen.
Wurzeldrogen aus dem Anbau sind nach dem festgestellten Reinnettogewicht (Gewicht

der Schmutzwurzeln bzw. Wurzelstöcke oder Knollen abzüglich Schmutzbesatz) abzurechnen.

2. Die Bezahlung der Arznei- und Gewürzpflanzen erfolgt nach dem Anrechnungsgewicht und der Bewertung entsprechend vorstehender Gütebestimmungen nach den geltenden Preisanordnungen.

[1]) Für die laut vertraglicher Vereinbarung in frischem Zustand zur Ablieferung kommenden Arznei- und Gewürzpflanzen sind diese Bestimmungen sinngemäß anzuwenden.

[2]) Der Klein-Feuchtemesser I wird hergestellt durch die „Feutron Karl Weiß KG, Greiz, Fabrik Elektro-Physikalischer Geräte".
Bei der Ausarbeitung der Tabellen wurde berücksichtigt, daß der Gehalt an ätherischen Ölen nicht als Wassergehalt erfaßt wurde.

[3]) Triebspitzen bis 5 cm Länge zählen zum Blattanteil.

[4]) s. a. AO vom 8. 12. 1975 (GBl. I 76 Nr. 1 S. 15) und jährliche Anweisungen in den VuM des MfGe über die Prämienzahlung für Sammeldrogen.

Verordnung über die Leitung, Planung und Organisation des Pflanzenschutzwesens in der Deutschen Demokratischen Republik — Pflanzenschutzverordnung —

vom 10. August 1978

(GBl. I Nr. 28 S. 309)

— Auszug —

I.

Geltungsbereich

§ 1

(1) Diese Verordnung regelt die Rechte und Pflichten bei der Durchsetzung der Maßnahmen zum Schutze der Kultur- und Nutzpflanzen, des Waldes und der pflanzlichen Rohprodukte vor Pflanzenkrankheiten, Pflanzenschädlingen, Unkräutern und anderen besonderen Gefahren und die sich daraus ergebenden Aufgaben ...

II.

Staatliche Leitung des Pflanzen- und Vorratsschutzes und der Pflanzenquarantäne

§ 2

(1) Die Leitung, Koordinierung und Kontrolle des Pflanzen- und Vorratsschutzes, der Pflanzenquarantäne und des Forstpflanzenschutzes obliegt dem Minister für Land-, Forst- und Nahrungsgüterwirtschaft.

...

§ 3

Die staatlichen Einrichtungen des Pflanzenschutzes und der Pflanzenquarantäne sind

- das Zentrale Staatliche Amt für Pflanzenschutz und Pflanzenquarantäne beim Ministerium für Land-, Forst- und Nahrungsgüterwirtschaft (nachfolgend Zentrales Pflanzenschutzamt genannt),

— die Pflanzenschutzämter bei den Räten der Bezirke,
— die Pflanzenschutzstellen bei den Räten der Kreise,
— die Pflanzenquarantäneinspektionen beim Zentralen Staatlichen Amt für Pflanzenschutz und Pflanzenquarantäne.

§ 5

(1) Zur Unterstützung und Koordinierung der Verhütungs- und Bekämpfungsmaßnahmen von Pflanzenkrankheiten, Pflanzenschädigungen, Unkräutern und anderen besonderen Gefahren für die Kultur- und Nutzpflanzen, den Wald und die pflanzlichen Rohprodukte ist beim Minister für Land-, Forst- und Nahrungsgüterwirtschaft eine zentrale Pflanzenschutzkommission tätig. Ihre Mitglieder werden vom Minister für Land-, Forst- und Nahrungsgüterwirtschaft berufen.

...

III.

Maßnahmen zur Sicherung des Pflanzen- und Vorratsschutzes und der Pflanzenquarantäne

§ 6

Die Leiter der staatlichen und wirtschaftsleitenden Organe, die Vorsitzenden der Produktionsgenossenschaften und die Leiter der Betriebe und Einrichtungen haben alle Voraussetzungen für die Verhütung und Bekämpfung von Pflanzenkrankheiten, Pflanzenschädlingen, Unkräutern und anderen besonderen Gefahren für die Kultur- und Nutzpflanzen, den Wald und die pflanzlichen Rohprodukte zu schaffen und die dazu notwendigen finanziellen, materiellen und personellen Voraussetzungen zu planen.

VI.

Prüfung und Zulassung von Pflanzenschutzmitteln und Mitteln zur Steuerung biologischer Prozesse sowie von Maschinen und Geräten zur Ausbringung dieser Mittel

§ 15

(1) Pflanzenschutzmittel, Mittel zur Steuerung biologischer Prozesse sowie Maschinen und Geräte zur Ausbringung dieser Mittel unterliegen der staatlichen Eignungsprüfung und bedürfen der Zulassung, Pflanzenschutzmittel und Mittel zur Steuerung biologischer

Prozesse bedürfen zur Gewährleistung des Anwender-, Verbraucher- und Umweltschutzes außerdem der hygienisch-toxikologischen Begutachtung.

(2) Für alle staatlich geprüften und zugelassenen Pflanzenschutzmittel und Mittel zur Steuerung biologischer Prozesse sind Festlegungen über Karenzzeiten und Anwendungsbegrenzungen zu treffen.

(3) Die Veröffentlichung des Verzeichnisses der zur Anwendung in der Deutschen Demokratischen Republik zugelassenen Pflanzenschutzmittel und Mittel zur Steuerung biologischer Prozesse erfolgt im periodisch erscheinenden Pflanzenschutzmittelverzeichnis[1]), das gleichzeitig die festgelegten Karenzzeiten, die Einordnung dieser Mittel in die Abteilungen der Gifte sowie die Kennzeichnung hinsichtlich der Gefährlichkeit für Bienen enthält.

...

VII.

Anwendung von Pflanzenschutzmitteln und Mitteln zur Steuerung biologischer Prozesse und Karenzzeiten

§ 16

(1) Pflanzenschutzmittel und Mittel zur Steuerung biologischer Prozesse sowie Maschinen und Geräte zur Ausbringung dieser Mittel dürfen nur nach staatlicher Prüfung und Zulassung zur Anwendung in der Deutschen Demokratischen Republik vertrieben und eingesetzt werden.

(2) Die Anwender von Pflanzenschutzmitteln und Mitteln zur Steuerung biologischer Prozesse sind für die Einhaltung der vorgeschriebenen Aufwandmengen, Konzentrationen, Karenzzeiten und Anwendungsbegrenzungen verantwortlich.

(3) Die Vorstände der Produktionsgenossenschaften und die Leiter der Betriebe und Einrichtungen sind für die arbeitsmedizinische Absicherung der Anwendung von Pflanzenschutzmitteln und Mitteln zur Steuerung biologischer Prozesse sowie für die Einhaltung der Rechtsvorschriften über den Verkehr mit Giften, sofern es sich bei diesen Mitteln um Gifte handelt, verantwortlich.

(4) Über die Anwendung von Pflanzenschutzmitteln und Mitteln zur Steuerung biologischer Prozesse ist, sofern pflanzliche Rohprodukte damit behandelt und in den Verkehr gebracht werden, durch die Produktionsgenossenschaften, Betriebe, Einrichtungen und Bürger ein Nachweis zu führen.

(5) Die Vorstände der Produktionsgenossenschaften und die Leiter der Betriebe und Einrichtungen, die Pflanzenschutzmaßnahmen einschließlich der Beseitigung unerwünschten Pflanzenwuchses an Verkehrswegen u. dgl. durchführen, sind, soweit dabei Pflanzen-

schutzmittel und Mittel zur Steuerung biologischer Prozesse zur Anwendung kommen, die als Gifte der Abteilung 1 oder 2 eingestuft sind, dafür verantwortlich, daß mit diesen Mitteln nur durch Personen umgegangen wird, die die gesetzlich vorgeschriebene Erlaubnis oder Befähigung dazu besitzen.

...

[1]) **Herausgeber:** Akademie der Landwirtschaften der DDR, Institut für Pflanzenschutzforschung Kleinmachnow, Stahnsdorfer Damm 81 (Pflanzenschutzmittel, Vorratsschutzmittel, Mittel zur Steuerung biol. Prozesse, Mittel gegen Gesundheitsschädlinge, Holzschutzmittel, Maschinen und Geräte)

Verordnung über den Rechtsschutz für neue Pflanzensorten in der Deutschen Demokratischen Republik — Sortenschutzverordnung —

vom 22. März 1972

(GBl. II Nr. 18 S. 213)

— Auszug —

Zur rechtlichen Sicherung neuer Sorten land- und forstwirtschaftlicher sowie gartenbaulicher Kulturpflanzenarten in der Deutschen Demokratischen Republik wird folgendes verordnet:

§ 1

Geltungsbereich

(1) Diese Verordnung regelt den Rechtsschutz für neue Sorten land- und forstwirtschaftlicher sowie gartenbaulicher Kulturpflanzenarten (nachfolgend Sortenschutz genannt).

...

(2) Der Sortenschutz kann nur für solche Sorten erteilt werden, die ihrer Art nach in dem Verzeichnis der Kulturpflanzenarten — Artenverzeichnis — (Anlage) aufgeführt sind. Der Minister für Land-, Forst- und Nahrungsgüterwirtschaft ist berechtigt, das Artenverzeichnis durch Anordnung zu erweitern oder einzuschränken. Bei Arzneipflanzen erfolgt die Erweiterung oder Einschränkung des Artenverzeichnisses in Abstimmung mit dem Minister für Gesundheitswesen.

§ 2

Verantwortung der Zentralstelle für Sortenwesen der Deutschen Demokratischen Republik

Die Zentralstelle für Sortenwesen der Deutschen Demokratischen Republik (nachfolgend Zentralstelle genannt) ist das zentrale Organ für die Wahrnehmung der Aufgaben auf dem Gebiet des Sortenschutzes.

...

§ 3

Schutzvoraussetzungen

(1) Der Sortenschutz wird erteilt, wenn die Sorte neu, genügend homogen und beständig ist. Die Sorte muß mit einer eintragungsfähigen Bezeichnung gemäß § 4 versehen sein.

...

§ 4

Sortenbezeichnung

(1) Eine neue Sorte ist zu ihrer Identifizierung mit einer Bezeichnung zu versehen, die mit der Erteilung des Sortenschutzes in das Sortenschutzregister einzutragen und beim Vertrieb von Saat- und Pflanzgut der geschützten Sorte zu wirtschaftlichen Zwecken zu benutzen ist. Die einzutragende Bezeichnung ist der Zentralstelle innerhalb einer von ihr festzulegenden Frist mitzuteilen. Wird die Frist nicht eingehalten, kann die Eintragung verweigert und die Anmeldung zurückgewiesen werden.

...

§ 5

Änderung eingetragener Sortenbezeichnungen

Wurde eine Sortenbezeichnung entgegen den Vorschriften des § 4 Abs. 2 eingetragen oder sind nachträglich Umstände eingetreten, die eine Eintragung der Sortenbezeichnung ausschließen, so hat die Zentralstelle den Inhaber der Sortenbezeichnung aufzufordern, innerhalb einer von ihr bestimmten Frist eine andere Sortenbezeichnung vorzuschlagen. Kommt der Inhaber der Sortenbezeichnung der Aufforderung nicht nach, bestimmt die Zentralstelle eine andere Sortenbezeichnung und trägt diese neue Bezeichnung bei gleichzeitiger Löschung der bisherigen Bezeichnung in das Sortenschutzregister ein.

§ 6

Arten des Sortenschutzes

(1) Für Sorten wird auf Antrag ein Wirtschaftssortenschutz oder ein Ausschließungssortenschutz erteilt.

...

§ 7

Wirkung des Sortenschutzes

(1) Der Sortenschutz hat die Wirkung, daß unter Berücksichtigung des § 20 nur die in den Absätzen 2 und 3 genannten Inhaber des Sortenschutzes, Betriebe und Einrichtungen das Recht haben, die geschützten Sorten generativ oder vegetativ zu wirtschaftlichen Zwecken zu vermehren oder zu vertreiben.

...

§ 8

Sortenschutzberechtigter

(1) Das Recht auf Sortenschutz steht dem Züchter oder demjenigen zu, dem er dieses Recht übertragen hat (Sortenschutzberechtigter). Ist die neue Sorte das Ergebnis der Arbeit eines Züchterkollektivs, so steht das Recht auf Erteilung des Sortenschutzes den Mitgliedern des Kollektivs gemeinschaftlich zu.

...

§ 9

Beurkundung des Sortenschutzes

(1) Über die Erteilung des Sortenschutzes ist dem Sortenschutzinhaber von der Zentralstelle eine Urkunde auszustellen, in der die wesentlichen Merkmale der Sorte und die Sortenbezeichnung enthalten sind. In der Urkunde sind die Namen der Züchter zu nennen. Auf Antrag der Züchter kann die Nennung der Namen unterbleiben.

...

§ 10

Anmelde-, Prüfungs- und Erteilungsverfahren

(1) Die Anmeldung zur Erteilung des Sortenschutzes hat schriftlich in deutscher Sprache bei der Zentralstelle zu erfolgen.

(2) Bei der Anmeldung sind die vorläufige Bezeichnung und die wesentlichen morphologischen und physiologischen Merkmale der Sorte anzugeben.

(3) Die Prüfung der Schutzvoraussetzungen erfolgt bei der Zentralstelle durch Anbauversuche und Inhaltsstoffuntersuchungen. Der Anmelder ist verpflichtet, das für die Prüfung erforderliche Saat- und Pflanzgut zur Verfügung zu stellen.

(4) Werden im Ergebnis der Prüfung die Schutzvoraussetzungen als gegeben angesehen, wird von der Zentralstelle der Sortenschutz erteilt und in das Sortenschutzregister eingetragen. Die Ablehnung des Sortenschutzes ist zu begründen.

(5) Haben mehrere Züchter die gleiche Sorte unabhängig voneinander gezüchtet, so steht das Recht auf Sortenschutz demjenigen zu, der die neue Sorte zuerst bei der Zentralstelle angemeldet hat.

(6) Einzelheiten des Anmelde-, Prüfungs- und Erteilungsverfahrens regelt der Minister für Land-, Forst- und Nahrungsgüterwirtschaft durch Anordnung.

§ 11

Gebühren

Für die Prüfung, Erteilung und Aufrechterhaltung des Sortenschutzes sowie für beantragte Änderungen im Sortenschutzregister sind von der Zentralstelle Gebühren zu erheben. Hierfür erläßt der Minister für Land-, Forst- und Nahrungsgüterwirtschaft eine Gebührenordnung.

§ 12

Dauer des Sortenschutzes

Der Sortenschutz läuft vom Zeitpunkt der Erteilung und dauert

– 15 Jahre bei landwirtschaftlichen und gartenbaulichen Arten,
– 20 Jahre bei Obst-, Zierbaumarten und ihren Unterlagen sowie bei Pappeln und Salexarten,
– 35 Jahre bei den übrigen Baumarten.

§ 13

Löschung und Umschreibung des Sortenschutzes

(1) Der Sortenschutz wird durch die Zentralstelle im Sortenschutzregister gelöscht, wenn

1. der Sortenschutzinhaber schriftlich auf den Sortenschutz verzichtet,
2. die Gebühren für die Aufrechterhaltung des Sortenschutzes nach Aufforderung nicht bezahlt werden,
3. das für die Kontrollprüfung zur Verfügung gestellte Vermehrungsmaterial nicht mehr die zum Zeitpunkt der Erteilung des Sortenschutzes im Sortenschutzregister aufgenommenen morphologischen und physiologischen Merkmale aufweist,
4. die Homogenität und Beständigkeit nicht mehr vorliegen.

...

§ 14

Nichtigkeitserklärung

Der Sortenschutz ist durch die Zentralstelle für nichtig zu erklären, wenn festgestellt wird, daß die Sorte zum Zeitpunkt der Erteilung des Sortenschutzes nicht neu war. Die Nichtigkeitserklärung hat die Wirkung, daß die Anmeldung als nicht vorgenommen gilt.

§ 15

Übertragung der Rechte, Lizenzen

(1) Das Recht auf den Sortenschutz und die Rechte aus dem Sortenschutz sind übertragbar.

...

(2) Der Inhaber des Ausschließungssortenschutzes ist verpflichtet, eine umfassende Verwertung der geschützten Sorte zu gewährleisten, wenn dies im volkswirtschaftlichen Interesse erforderlich ist.

...

§ 16

Beschwerdeverfahren

(1) Gegen Entscheidungen der Zentralstelle über die Anmeldung, Prüfung, Erteilung und Aufrechterhaltung des Sortenschutzes kann Beschwerde eingelegt werden. Der von der Entscheidung Betroffene ist darüber zu belehren, daß er Beschwerde einlegen kann.

...

§ 17

Gegenseitigkeit des Sortenschutzes

Personen, die ihren Sitz oder Wohnsitz außerhalb der Deutschen Demokratischen Republik haben, werden auf der Grundlage der Gegenseitigkeit oder in Übereinstimmung mit bi- und multilateralen Verträgen die gleichen Rechte gewährt, wie sie die Bestimmungen dieser Verordnung für Personen der Deutschen Demokratischen Republik vorsehen.

§ 18

Vertretung

(1) Personen, die in der Deutschen Demokratischen Republik weder Wohnsitz noch Niederlassung haben, können an einem Verfahren vor der Zentralstelle nur teilnehmen und aus dem Sortenschutz vor der Zentralstelle nur dann Rechte geltend machen, wenn sie sich vertreten lassen. Die Vertretung vor der Zentralstelle wird vom Deutschen Saatgut-Handelsbetrieb (DSG) Berlin wahrgenommen.

...

§ 19

Anmeldung des Sortenschutzes außerhalb der Deutschen Demokratischen Republik

(1) In der Deutschen Demokratischen Republik gezüchtete Sorten werden in anderen Staaten durch den Deutschen Saatgut-Handelsbetrieb (DSG) Berlin für den Sortenschutzinhaber zur Erteilung eines Sortenschutzes angemeldet. Hiervon kann der Minister für Land-, Forst- und Nahrungsgüterwirtschaft Ausnahmen zulassen.

...

§ 20

Vermehrung und Vertrieb

(1) Die Vermehrung und der Vertrieb von Saat- und Pflanzgut zu wirtschaftlichen Zwecken darf nur von solchen Sorten erfolgen, die im Ergebnis einer von der Zentralstelle vorgenommenen Prüfung einen wirtschaftlichen Wert für die Volkswirtschaft der Deutschen Demokratischen Republik haben, vom Minister für Land-, Forst- und Nahrungsgüterwirtschaft zugelassen und im Sortenregister eingetragen sind.

...

§ 21

Ansprüche aus Rechtsverletzungen

(1) Wer eine Sorte, für die ein Sortenschutz besteht, widerrechtlich zu wirtschaftlichen Zwecken generativ oder vegetativ vermehrt oder vertreibt (§ 7), oder wer eine geschützte Sortenbezeichnung oder eine mit ihr verwechslungsfähige Bezeichnung entgegen § 4 Abs. 1 für eine andere Sorte derselben oder einer verwandten Art benutzt, kann vom Verletzten auf Unterlassung in Anspruch genommen werden.

(2) Wer diese Handlungen vorsätzlich oder fahrlässig begeht, ist dem Verletzten zum Ersatz des daraus entstandenen Schadens verpflichtet.

...

§ 22

Sortenschutzstreitsachen

Für alle Klagen, durch die ein Anspruch aus einem der in dieser Verordnung geregelten Rechtsverhältnisse geltend gemacht wird (Sortenschutzstreitsachen), ist in erster Instanz das Bezirksgericht Leipzig zuständig. Die Bestimmungen über die Durchführung von Verfahren in Patentstreitsachen finden entsprechende Anwendung.

§ 23

Ordnungsstrafen

...

Anlage

zu vorstehender Verordnung

Artenverzeichnis

...

Arzneipflanzen

1. Pfefferminze	Mentha piperita L.
2. Baldrian	Valeriana officinalis L.
3. Kamille, echte	Matricaria chamomilla L.

...

Entscheidung (Nr. 1) über eine Gleichstellung als Arzneimittel
vom 10. Dezember 1966

(VuM MfGe 1967 Nr. 5 S. 41)

Gemäß § 9 Buchst. a des Arzneimittelgesetzes vom 5. Mai 1964 (GBl. I S. 101)[1]) wird entschieden, daß zum einmaligen Gebrauch bestimmte Gegenstände, die

zur Übertragung parenteral zu applizierender Flüssigkeiten zwischen Organismen, Vorratsbehältnissen

oder

zwischen Organismen und Vorratsbehältnissen

vorgesehen sind, als medizinische Gegenstände, die zum zeitweiligen Verbleib im Körper bestimmt sind (§ 3 Abs. 1 Buchst. a des Arzneimittelgesetzes), den Arzneimitteln gleichgestellt sind. Das MfGe hat im Plan 1965/66 und mit Schreiben vom 21. 10. 1966 sowie vom 7. 6. 1968 an alle Bezirksärzte auf die Gefahren bei Infusionen im offenem System und bei Wiederverwendung von Infusionsgeräten als Einwegerzeugnisse hingewiesen und Infusionen im geschlossenen System für verbindlich erklärt.
Damit gelten für vorgenannte Gegenstände die Regelungen für Arzneimittel, soweit nicht ausdrücklich etwas anderes bestimmt ist (§ 3 Abs. 2 des Arzneimittelgesetzes).

[1]) Abgedruckt unter C 01 01.

Vereinbarung über Chargenkennzeichnung von Verbandstoffen[1])

vom 21. Januar 1966

Auf Grund des § 3 des Arzneimittelgesetzes vom 5. 5. 1964 (GBl. S. 101) sind „Verbandstoffe für medizinische oder hygienische Zwecke mit oder ohne arzneiliche Zusätze“ den Arzneimitteln gleichgestellt. Damit unterliegt diese Gruppe von Erzeugnissen den Vorschriften über die Kennzeichnung von Arzneimitteln (§ 18 des AMG), die in den §§ 11 bis 14 der 1. DB zum AMG im einzelnen genannt werden (GBl. II S. 485).
Auf einer Besprechung des vom MfG Beauftragten für das Arbeitsgebiet „Verbandstoffe“ mit Vertretern der Erzeugnisgruppe „Textile Verbandmittel“ und des *Deutschen Institutes für Arzneimittelwesen*[2]) am 21. 1. 1966 wurde eine Vereinfachung der Chargenkennzeichnung (§ 14 der 1. DB zum AMG) für textile Verbandstoffe beraten und festgelegt.
Je nach der Herstellungsart (sterile oder unsterile Aufmachung, Verbandstoffe mit oder ohne arzneiliche Zusätze) wurde eine Staffelung der Chargenkennzeichnung vorgenommen, die das Alter der einzelnen Erzeugnisse erkennen läßt.

Durchführung der Chargenkennzeichnung für Verbandstoffe

1. Chargenkennzeichnung gemäß § 14 der 1. DB zum Arzneimittelgesetz (GBl. II, S. 485) entsprechend der dort gegebenen Definition einer Charge und dem erläuternden Beispiel.

Diese Regelung ist für folgende Endkennziffern[3]) vorgesehen:

	119		211		229	505	610
115	200			222			800
116	201	207			301		
117	203	210		226	302	604	[5])

2. Zwei Chargenkennzeichnungen für die Produktion eines Jahres:

Produktion des 1. Halbjahres (1. 1. – 30. 6.): 0101 XX[4])

Produktion des 2. Halbjahres (1. 7. – 31. 12.): 0207 XX[4])

Diese Regelung ist für folgende Endkennziffern[3]) vorgesehen:

100	120	228	600	801
	124	232		802
		238		803
		239		
	202	300	603	
102	208	500	606	
103	209	501		
105		502	608	
107	227	503	[5])	

3. Eine Chargenkennzeichnung für die Produktion eines Jahres:
Produktion eines Jahres (1. 1.–31. 12.): 0101 XX[6])

Diese Regelung ist für folgende Endkennziffern[3]) vorgesehen:

104	
109	400
110	[5])
113	
118	
233	
235	

[1]) Die Vereinbarung wurde über die Erzeugnisgruppe „Textile Verbandmittel" den Verbandstoffherstellern bekanntgemacht.

[2]) jetzt: Institut für Arzneimittelwesen der DDR.

[3]) Gemeint ist die 3. Zahlengruppe gemäß § 13 Abs. 1 Buchst. c der 1. DB zum AMG, die innerhalb der einzelnen Verbandstoffarten (z. B. Binden, Verbandmittel, Verbandzellstoff, Watte aller Art) für alle Hersteller vereinheitlicht ist.

[4]) xx = Jahr (Jahrzehnt/Jahr) Beispiel: 010168 = Produktion des 1. Halbjahres 1968

[5]) Die wiedergegebene Positionsliste ist gegenüber der ursprünglichen nach dem Stand vom 31. 12. 1980 aktualisiert

[6]) xx = Jahr (Jahrzehnt/Jahr) Beispiel: 010180 = Produktion des Jahres 1980

(Konzentrations-Angaben in Vol.-%)[1]

Bekanntmachung c

(VuM

Name des Mittels	Wirkstofftyp	Händedesinfektion hygienische	chirurgisch[e]	
Einwirkungszeit		2 min	1 min	5 min
Arugen-Spray[10])	Alkohol, halogen. Phenolderiv.			
Äthanol 2. AB—DDR	Alkohol		70	80
Äthanol, benzinvergällt 2. AB—DDR	Alkohol		70	80
Äthanol, kampfervergällt 2. AB—DDR	Alkohol		70	80
C 4	quartäre Ammoniumverbindung	2		
Desinfektionsstoff G	Kresole, halogen. Phenol			
Fesia-cito	Alkohol, quart. Ammoniumverbindung u. a.		5 ml[6])	2 × 5 ml[4]
Fesia-form	Formaldehyd			
Fesia-mon	quart. Ammoniumverbindung	2,5 +		
Fesia-per-Konz.	Xylenole, halogen. Phenol			
Fesia-pin	Xylenole, halogen. Phenol			
Fesia-sept-Konz.	Phenolderiv., halogen. Benzylphenol	1 +		
Fesia-sol-Konz.	Xylenole			
Formaldehydlösung 2. AB—DDR	Formaldehyd			
Formaldehydlösung technisch 30%ig	Formaldehyd			
Hydraform	Formaldehyd			
Quecksilber(II)-chloridlösung 0,1% SR (Sublimatlösung)	Quecksilberverbindung			
Isopropanol 2. AB—DDR	Alkohol		60	70
Kombinal asept	Organozinnverbindung, Aldehyd, quart. Ammoniumverbindung			
Kresomerlat	Xylenole			
Meleusol	Kresole			
Propanol 2. AB—DDR (Optal)	Alkohol		40[5])	60
Sepso-Tinktur	Phenolderiv., Alkohol			
Septygeen	halogen. Kresol	3 +		
Spiritus Jodi dilutus	Jod, Alkohol			
Sputasept	Xylenole, Alkali			
Tosylchloramid-Natrium 2. AB—DDR (Chloramin 2. AB—DDR „Fahlberg") [1])	aktives Chlor	0,5		
Tosylchloramid-Natrium, roh 96%ig 2. AB—DDR (Chloramin techn. rein „Fahlberg")[1])	aktives Chlor			
Wofasept	halogen. Kresol, halogen. Benzylphenol	2 +		
Wofasept spezial	halogen. Kresol, halogen. Benzylphenol	2		
Wofasept Seifengelee	halogen. Kresol, halogen. Benzylphenol	3—4 cm Preßstrang		
Wofasept Tbk	halogen. Kresol, Alkali			
Wofasteril[8]) [9])	Peressigsäure		0,3	0,5

[1]) Die Konzentrationen für Tosylchloramid-Natrium (Chloramin) sind in Masseprozent (%) angegeben.
[2]) Mindestens 2 Teile Desinfektionsmittel auf 1 Teil Desinfektionsgut.
[3]) Eine mechanische Reinigung darf erst nach der vierstündigen Einwirkungszeit der Desinfektionsmittel erfolgen.
[4]) Die zu desinfizierenden Hauptpartien sind 5 Minuten mit dem Desinfektionsmittel zu benetzen, 2 × 5 ml entsprechen der Mindestmenge.
[5]) 60%ig zur Händedesinfektion bei Tbk geeignet, 2 min.
[6]) Hyg. Händedesinfektion bei Tbk 2 min.
[7]) Einlegen in Desinfektionslösung und dabei gleichzeitig grobe Verunreinigungen entfernen: Korrosionsmöglichkeit beachten.
[8]) Zur Hautdesinfektion wird auf die Standard-Rezeptur Peressigsäure spiritus SR verwiesen.

Wofasteril-Standard-Rezept
(2—5°C) 30 Tage, bei 15—2
Wofasteril-Stammlösung 5
Kühlraumtemperatur (2—5°
Wofasteril-Gebrauchslösung
Leitungswasser täglich anse
neralisiertem Wasser bis 7 T
Benutzte Lösungen täglich
[9]) Jodtinktur und Wofasteril s
[10]) Besonders zur Desinfektion
[11]) Ausschließlich zur Desinfek
Blutalkoholbestimmung.

Die mit einem + gekennzeichneten Spalten weisen aus, daß die Präparate speziell gegen Cholera-Vibrionen, Stamm
Für die Desinfektion von Cholera-Wäsche sind auch Desinfektionswaschverfahren geeignet (Verf. u. Mitt. Nr. 18/1974
Zur Raumluftdesinfektion können weiterhin Aerosole wie folgt angewandt werden: Wofasteril 5%ig, 2,5 ml je m³, Einwirl
Maßnahmen nicht belegt sein.
Bei nicht dem neuesten Stand entsprechenden Angaben zur Anwendung bzw. zur Konzentration von Desinfektionsmitte
Die Liste der Desinfektionsmittel — Stand vom 1. Januar 1979 — (Verf. u. Mitt. Nr. 4/1979) ist gegenstandslos.

Desinfektionsmittel

3 S. 26)

Stand: 1. Januar 1980

Flächendesinfektion				Instrumentendesinfektion[7])			Wäschedesinfektion				Stuhldesinfektion 2:1[2])	Sputumdesinfektion 2:1[2])
Staphylokokken	Tbk	Pilze	Übrige Erreger (außer Viren)				allgemein		Tbk-Wäsche			
4 h[3])	4 h[3])	4 h[3])	4 h[3])	15 min	30 min	2 h	5 h	12 h	5 h	12 h	6 h	6 h
					70							
					70							
5		3	2				4	3			5	
4	5	2	2+			4	2+	1+	4	2	5	
2,5		3	1,5				2	1				
5		3	3				4	3			5	
3	3	4	1,5				3	2	3	2		
2,5	3	2	1,5+				1,5+	1+	2,5	1,5	2,5+	
4	4	2	2+				2,5	1,5	4	2	4	
4	4	2	2+				2,5	1,5	4	2	4	
5		2	2,5				4	2			8	
3	4	2	2			2[12])	2	1	3		5	
4	5	4	2+				2+	1+	5	3	5+	
4	5	4	2+				2+	1	5	3	5+	
							4	3		2		
											5	5
3	3	2	2+				1+	0,5+	3			6
5		4	3+				4+	3+				
5		4	3				4	3				
5	5	5	2				1,5	1	5	3	5	5
1[13])		1[13])	1[13])	0,5								
0,5[13])		0,5[13])	0,5[13])									

ktion) bei Kühlraumtemperatur

sigsäure 2% SR) 30 Tage, bei

he Liste) bei Verwendung von
ng von destilliertem oder demi-

n.
r Entnahme von Blutproben zur

12) Korrosionshemmend durch Zusatz von 0,3% Natriumhydrogenkarbonat 2. AB–DDR.

13) 1 (30 min) 0,5 (60 min)

14) Der Einsatz von Wofasteril zur Hautdesinfektion ist vorrangig zu empfehlen:
1. vor i. m. Injektion im Bereich der Regio glutaea und des Oberschenkels,
2. vor der Injektion von Substanzen mit vasokonstriktorischer Wirkung,
3. vor Eingriffen an Patienten mit peripheren Durchblutungsstörungen (insbesondere mit Gangrän),
4. vor lumbalen, paraneuralen bzw. intraartikulären Injektionen und Punktionen.

rden und in den angegebenen Konzentrationen und Desinfektionsaufgaben wirksam sind.
ktion bzw. zur Desinfektion der Raumluft ist die Formaldehyddesinfektion anzuwenden (Verf. u. Mitt. Nr. 24/1968).
ina asept 5%ig, 14 ml je m³, Einwirkungszeit 4 h. Es ist anschließend jeweils 2 h zu lüften. Die Räume dürfen bei diesen

en oder in Prospekten sind stets die Daten dieser Liste anzuwenden.

Entscheidung (Nr. 2) gemäß § 9 des Arzneimittelgesetzes — Labordiagnostika —

vom 15. Dezember 1970

(VuM MfGe Nr. 2/3 1971 S. 8)

Gemäß § 9 Buchstaben a und b des Arzneimittelgesetzes vom 5. Mai 1964 (GBl. I S. 101) in der Fassung des Anpassungsgesetzes vom 11. Juni 1968 (GBl. I S. 242)[1]) wird entschieden:

1. Stoffe und Zubereitungen gemäß § 3 Abs. 1 Buchst. c des Arzneimittelgesetzes sind alle Reagenzien, Indikatoren sowie Maß- und Vergleichslösungen von dem Zeitpunkt an, wo sie eindeutig zur Durchführung diagnostischer Laboratoriumsmethoden im Bereich des Gesundheits- und Sozialwesens bzw. des Veterinärwesens bestimmt sind.
2. Versorgungseinrichtungen gemäß § 7 Abs. 3 des Arzneimittelgesetzes sind für Stoffe und Zubereitungen gemäß § 3 Abs. 1 Buchst. c des Arzneimittelgesetzes im Rahmen der vom Ministerium für Gesundheitswesen festgelegten Sortimente das Versorgungsdepot für Pharmazie und Medizintechnik Berlin, Versorgungsbereich Sera und Impfstoffe, sowie das Versorgungskontor Labor- und Feinchemikalien (s. Anlage).
3. Das Vorrätighalten und die Abgabe von Stoffen und Zubereitungen gemäß § 3 Abs. 1 Buchst. c des Arzneimittelgesetzes erfolgen für die Einrichtungen des Gesundheits- und Sozialwesens und des Veterinärwesens nur in Apotheken, die von den örtlichen für das Gesundheits- und Sozialwesen bzw. das Veterinärwesen zuständigen Staatsorganen gesondert festgelegt werden. Ein Direktbezug der Stoffe und Zubereitungen gemäß § 3 Abs. 1 Buchst. c des Arzneimittelgesetzes von den in Ziff. 2 dieser Entscheidung genannten Versorgungseinrichtungen ist unzulässig. Die Bestimmungen des § 20 der Ersten Durchführungsbestimmung vom 15. Mai 1964 zum Arzneimittelgesetz (GBl. II S. 485)[2]) bleiben hiervon unberührt. Zu Untersuchungen im Sinne des § 20 Abs. 2 Buchst. d der Ersten Durchführungsbestimmung gehören nicht solche, die labordiagnostischen Zwecken dienen.
4. Soweit Stoffe und Zubereitungen gemäß § 3 Abs. 1 Buchst. c des Arzneimittelgesetzes nicht industriell gefertigt werden, erfolgt ihre Herstellung grundsätzlich in Apotheken.
5. Zubereitungen, die unverzüglich im Interesse des Gesundheitsschutzes verfügbar sein müssen oder die höchsten 48 Stunden verwendbar oder aus entsprechend vorgefertigten Testpackungen und Konzentraten herstellbar sind, können auch in den diagnostischen Laboratorien des Gesundheits- und Sozialwesens bzw. des Veterinärwesens hergestellt werden.
6. Die in Apotheken hergestellten und/oder abgepackten Stoffe und Zubereitungen gemäß § 3 Abs. 1 Buchst. c des Arzneimittelgesetzes sind entsprechend § 4 der Sechsten Durch-

führungsbestimmung vom 18. Februar 1969 zur Apothekenordnung (GBl. II S. 177) zu kennzeichnen.

7. Stoffe und Zubereitungen gemäß § 3 Abs. 1 Buchst. c des Arzneimittelgesetzes werden vorerst nicht als Stoffe und Zubereitungen gemäß § 17 Abs. 4 des Arzneimittelgesetzes in das Arzneimittelregister eingetragen.

8. Stoffe und Zubereitungen gemäß § 3 Abs. 1 Buchst. c des Arzneimittelgesetzes sind in den Apotheken getrennt von den übrigen Arzneimitteln aufzubewahren.

Anlage

zu vorstehender Entscheidung

a) Vom Versorgungsdepot für Pharmazie und Medizintechnik Berlin, Versorgungsbereich Sera und Impfstoffe, werden gehandelt:
Für labordiagnostische Zwecke bestimmte

- antikörper- oder antigenhaltige Stoffe, Zubereitungen und Testpackungen
- Plasmazubereitungen zur Bestimmung von Gerinnungsfaktoren
- Kontroll- und Vergleichsseren
- Hilfsstoffe für die serologische Diagnostik
- Testpapiere und Testsubstanzen zur Resistenzprüfung

b) Vom Versorgungskontor Labor- und Feinchemikalien werden, soweit nicht unter Buchstabe a aufgeführt, gehandelt:
Für labordiagnostische Zwecke bestimmte

- Labor-, Fein- und Biochemikalien sowie Zubereitungen und Testpackungen aus diesen
- Testpapiere ind Testtabletten
- Kultur- und Zellzüchtungsmedien.

[1]) Abgedruckt unter C 01 01.
[2]) Abgedruckt unter C 01 02.

Entscheidung (Nr. 3[1]) gemäß § 9 des Arzneimittelgesetzes — Verschlußelemente auf Elastbasis für Infusions- und Injektionslösungen — vom 5. Mai 1971

(VuM MfGe Nr. 9 S. 42)

Gemäß § 9 Buchst. a des Arzneimittelgesetzes vom 5. Mai 1964 (GBl. I S. 101) in der Fassung des Anpassungsgesetzes vom 11. Juni 1968 (GBl. I S. 242)[2]) wird entschieden: Verschlußelemente auf Elastbasis für Infusions- und Injektionslösungen sind Gegenstände gemäß § 3 Abs. 1 Buchst. e des Arzneimittelgesetzes (z. B. Durchstechstopfen, Verschlußscheiben aus Gummi).

Damit gelten für vorgenannte Gegenstände die Regelungen für Arzneimittel, soweit nicht ausdrücklich etwas anderes bestimmt ist (§ 3 Abs. 2 des Arzneimittelgesetzes).

[1]) Entscheidung (Nr. 1) vom 10. 12. 1966 (VuM MfGe 1967 Nr. 5 S. 41), abgedruckt unter C 03 01 31
Entscheidung (Nr. 2) vom 15. 12. 1970 (VuM MfGe 1971 Nr. 2/3 S. 8), abgedruckt unter C 03 04 10.

[2]) Abgedruckt unter C 01 01.

Verfügung RS/67
des Institutes für Arzneimittelwesen der DDR
vom 1. Juni 1967

— Auszug —

Betr.: Produktionskontrollbücher der TKOP

Zur Gewährleistung eines übersichtlichen und exakten Nachweises von regelmäßig durchgeführten operativen Kontrollen im Rahmen der Gütesicherung .... ist vom Leiter bzw. von einem Mitarbeiter der TKO (P) ein Produktionskontrollbuch gemäß der beiliegenden Anlage zu führen. Aus diesem sollen die durchgeführten Kontrollen des Produktionsablaufes von Arzneimitteln, die dabei festgestellten Mängel und die zu ihrer Beseitigung geforderten Maßnahmen ersichtlich sein.

Anlage
zu vorstehender Verfügung

Datum	Kurzzeichen der Kontrollbeauftragten	Kontrollierter Bereich	Festgestellte Mängel	Veranlaßte Maßnahmen	Ergebnis

Materialien der Weltgesundheitsorganisation über die Anmeldung, die Bildung und die Anwendung nicht schutzfähiger Namen für Arzneistoffe

Procedure for the Selection of Recommended International Nonproprietary Names for Pharmaceutical Substances[1])

The following procedure shall be followed by the World Health Organization in the selection of recommended international nonproprietary names for pharmaceutical substances, in accordance with the World Health Assembly resolution WHA 3.11:

1. Proposals for recommended international nonproprietary names shall be submitted to the World Health Organization on the form[2]) provided therefor.

2. Such proposals shall be submitted by the Director-General of the World Health Organization to the members of the Expert Advisory Panel on the International Pharmacopoeia and Pharmaceutical Preparations designated for this purpose, for consideration in accordance with the "General principles for guidance in devising International Nonproprietary Names", appended to this procedure. The name used by the person discovering or first developing and marketing a pharmaceutical substance shall be accepted, unless there are compelling reasons to the contrary.

3. Subsequent to the examination provided for in article 2, the Director-General of the World Health Organization shall give notice that a proposed international nonproprietary name is being considered.

A. Such notice shall be given by publication in the Chronicle of the World Health Organization[3]) and by letter to Member States and to national pharmacopoeia commissions or other bodies designated by Member States.

(i) Notice may also be sent to specific persons known to be concerned with a name under consideration

B. Such notice shall:

(i) set forth the name under consideration;

(ii) identify the person who submitted a proposal for naming the substance, if so requested by such person;

(iii) identify the substance for which a name is being considered;

(iv) set forth the time within which comments and objections will be received and the person and place to whom they should be directed;

(v) state the authority under which the World Health Organization is acting and refer to these rules of procedure.

C. In forwarding the notice, the Director-General of the World Health Organization shall request that Member States take such steps as are necessary to prevent the acquisition of proprietary rights in the proposed name during the period it is under consideration by the World Health Organization.

4. Comments on the proposed name may be forwarded by any person to the World Health Organization within four months of the date of publication, under article 3, of the name in the Chronicle of the World Health Organization.

5. A formal objection to a proposed name may be filed by any interested person within four months of the date of publication, under article 3, of the name in the Chronicle of the World Health Organization.

A. Such objection shall:

(i) identify the person objecting;
(ii) state his interest in the name;
(iii) set forth the reasons for his objection to the name proposed.

6. Where there is a formal objection under article 5, the World Health Organization may either reconsider the proposed name or use its good offices to attempt to obtain withdrawal of the objection. Without prejudice to the consideration by the World Health Organization of a substitute name or names, a name shall not be selected by the World Health Organization as a recommended international nonproprietary name while there exists a formal objection thereto filed under article 5 which has not been withdrawn.

7. Where no objection has been filed under article 5, or all objections previously filed have been withdrawn, the Director-General of the World Health Organization shall give notice in accordance with subsection A of article 3 that the name has been selected by the World Health Organization as a recommended international nonproprietary name.

8. In forwarding a recommended international nonproprietary name to Member States under article 7, the Director-General of the World Health Organization shall:

A. request that it be recognized as the nonproprietary name for the substance; and

B. request that Member States take such steps as are necessary to prevent the acquisition of proprietary rights in the name, including prohibiting registration of the name as a trademark or trade-name.

General Principles for Guidance in devising International Nonproprietary Names for Pharmaceutical Substances[4])

1. International nonproprietary names (INN) should be distinctive in sound and spelling. They should not be inconveniently long and should not be liable to confusion with names in common use.

2. The INN for a substance belonging to a group of pharmacologically related substances should, where appropriate, show this relationship. Names that are likely to convey to a patient an anatomical, physiological, pathological or therapeutic suggestion should be avoided.

These primary principles are to be implemented by using the following secondary principles

3. In devising the INN of the first substance in a new pharmacological group, consideration should be given to the possibility of devising suitable INN for related substances belonging to the new group.

4. In devising INN for acids, one-word names are preferred; their salts should be named without modifying the acid name, e. g., "oxacillin" and "oxacillin sodium", "ibufenac" and "ibufenac sodium".

5. INN for substances that are used as salts should in general apply to the active base or the active acid. Names for different salts or esters of the same active substance should differ only in respect of the name of the inactive acid or the inactive base.
For quaternary ammonium substances, the cation and anion should be named appropriately as separate components of a quaternary substance and not in the aminesalt style.

6. The use of an isolated letter or number should be avoided; hyphenated construction is also undesirable.

7. To facilitate the translation and pronunciation of INN, "f" should be used instead of "ph", "t" instead of "th", "e" instead of "ae" or "oe", and "i" instead of "y"; the use of the letters "h" and "k" should be avoided.

8. Provided that the names suggested are in accordance with these principles, names proposed by the person discovering or first developing and marketing a pharmaceutical preparation, or names already officially in use in any country, should receive preferential consideration.

9. Group relationship in INN (see Guiding Principle 2) should if possible be shown by using a stem from the following list. The stem should only be used for substances of the appropriate group. Where a stem is shown without any hyphens it may be used anywhere in the name.

Subsidiary group relationships should be shown by devising INN that show similarities to and are analogous with a previously named substance.

Latin	English	French	
-actidum	-actide	-actide	synthetic polypeptides with a corticotrophin-like action
andr	andr	andr	steroids, androgens
-arolum	-arol	-arol	anticoagulants of the dicoumarol group
-azepamum	-azepam	-azépam	substances of the diazepam group
bol	bol	bol	steroids, anabolic
-buzonum	-buzone	-buzone	anti-inflammatory analgesics of the phenylbutazone group
-cainum	-caine	-caïne	local anaesthetics
cef-	cef-	céf-	antibiotics, derivatives of cefalosporanic acid
-cillinum	-cillin	-cilline	antibiotics, derivatives of 6-aminopenicillanic acid
cort	cort	cort	corticosteroids, except those of the prednisolone group
-cyclinum	-cycline	-cycline	antibiotics of the tetracycline group
estr	estr	estr	estrogenic substances
-fibratum	-fibrate	-fibrate	substances of the clofibrate group
-forminum	-formin	-formine	hypoglycemics of the phenformin group
gest	gest	gest	steroids, progestogens
gli-	gli-	gli-	sulfonamide hypoglycemics
io-	io-	io-	iodine-containing contrast media
-ium	-ium	-ium	quaternary ammonium compounds
-metacinum	-metacin	-métacine	anti-inflammatory substances of the indometacin group
-mycinum	-mycin	-mycine	antibiotics, produced by Streptomyces strains
-nidazolum	-nidazole	-nidazole	antiprotozoal substances of the metronidazole group
-ololum	-olol	-olol	β-adrenergic blocking agents of the propranolol group
-onidum	-onide	-onide	steroids for topical use, containing an acetal group
-orexum	-orex	-orex	anorexigenic agents, phenethylamine derivatives

Latin	English	French	
-praminum	-pramine	-pramine	substances of the imipramine group
-profenum	-profen	-profène	anti-inflammatory substances of the ibuprofen group
prost	prost	prost	prostaglandins
-relinum	-relin	-réline	hypophyseal hormone release-stimulating peptides
sulfa-	sulfa-	sulfa-	sulfonamides, anti-infective
-terolum	-terol	-térol	bronchodilators, phenethylamine derivatives
-tizidum	-tizide	-tizide	diuretics of the chlorothiazide group
-verinum	-verine	-vérine	spasmolytics with a papaverine-like action

Layout explanatory notes[5])

1 – 5. International nonproprietary names in Latin, English, French, Russian and Spanish.
6. Request number (sequential number given to INN requests).
7. List of proposed INN in which the name has been published. Where an INN has been published in several lists owing to the need for amendments, the number refers to the last proposed list in which the name was mentioned.
The references to the various lists are as follows:

List No.	Reference		List No.	Reference	
1	Chron. Wld Hlth Org.,	7: 299 (1953)	14	WHO Chronicle	18: 433 (1964)
2	Chron. Wld Hlth Org.,	8: 216 (1954)	15	WHO Chronicle	19: 446 (1965)
3	Chron. Wld Hlth Org.,	8: 313 (1954)	16	WHO Chronicle	20: 216 (1966)
4	Chron. Wld Hlth Org.,	10: 28 (1956)	17	WHO Chronicle	21: 70 (1967)
5	Chron. Wld Hlth Org.,	11: 231 (1957)	18	WHO Chronicle	21: 478 (1967)
6	Chron. Wld Hlth Org.,	12: 102 (1958)	19	WHO Chronicle	22: 112 (1968)
7	WHO Chronicle	13: 105 (1959)	20	WHO Chronicle	22: 407 (1968)
8	WHO Chronicle	13: 152 (1959)	21	WHO Chronicle	23: 183 (1969)
9	WHO Chronicle	14: 168 (1960)	22	WHO Chronicle	23: 418 (1969)
10	WHO Chronicle	14: 244 (1960)	23	WHO Chronicle	24: 119 (1970)
11	WHO Chronicle	15: 314 (1961)	24	WHO Chronicle	24: 413 (1970)
12	WHO Chronicle	16: 385 (1962)	25	WHO Chronicle	25: 123 (1971)
13	WHO Chronicle	17: 389 (1963)			

Lists 1—25 of proposed INN are included in International Nonproprietary Names for Pharmaceutical Substances, Cumulative List No. 3, 1971 (op. cit.).

26	WHO Chronicle	25: 415 (1971)	31	WHO Chronicle	28: 133 (1974)
27	WHO Chronicle	26: 121 (1972)	32	WHO Chronicle	28: No. 9, suppl. (1974)
28	WHO Chronicle	26: 414 (1972)	33	WHO Chronicle	29: No. 3, suppl. (1975)
29	WHO Chronicle	27: 120 (1973)	34	WHO Chronicle	29: No. 9, suppl. (1975)
30	WHO Chronicle	27: 380 (1973)	35	WHO Chronicle	30: No. 3, suppl. (1976)

8. List of recommended INN in which the name has been published. Where an INN has been published in several lists owing to the need for amendments, the number refers to the last recommended list in which the name was mentioned. An asterisk in place of a recommended list number signifies that an objection has been raised to the proposed name in at least one Member State, in accordance with the Procedure for the Selection of Recommended International Nonproprietary Names for Pharmaceutical Substances. Before such a name is taken into use in a given country, it should be ascertained that there is no objection to it in the country concerned.
The references to the various lists are as follows:

List No.	Reference		List No.	Reference	
1	Chron. Wld Hlth Org.	9: 185 (1955)	6	WHO Chronicle	20: 421 (1966)
2	WHO Chronicle	13: 106 (1959)	7	WHO Chronicle	21: 538 (1967)
3	WHO Chronicle	13: 463 (1959)	8	WHO Chronicle	22: 463 (1968)
4	WHO Chronicle	16: 101 (1962)	9	WHO Chronicle	23: 490 (1969)
5	WHO Chronicle	19: 165, 206,	10	WHO Chronicle	24: 526 (1970)
		249 (1965)	11	WHO Chronicle	25: 476 (1971)

Lists 1—11 of recommended INN are included in International Nonproprietary Names for Pharmaceutical Substances, Cumulative List 3, 1971 (op. cit.).

12	WHO Chronicle	26: 476 (1972)	14	WHO Chronicle	28: No. 10, suppl. (1974)
13	WHO Chronicle	27: 453 (1973)	15	WHO Chronicle	29: No. 10, suppl. (1975)

9. Abbreviations for national names identical to the INN.
10. National name differing from the INN.
11. CAS registry number.
12. Molecular formula.

Layout of Information[6)]

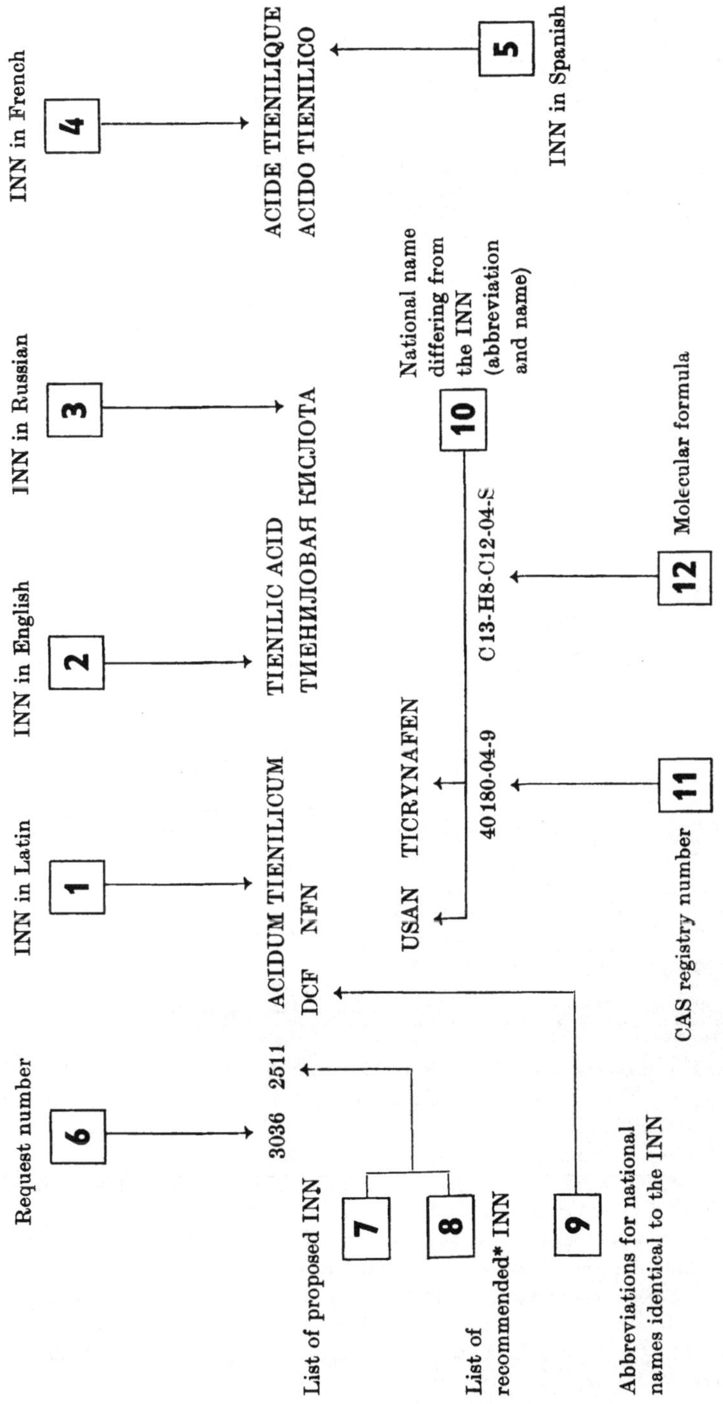

* An asterisk in place of a recommended list number signifies that an objection has been raised to the proposed name.

WORLD HEALTH ORGANIZATION
Expert Advisory Panel on the International Pharmacopoeia and Pharmaceutical Preparations

ORGANISATION MONDIALE DE LA SANTÉ
Tableau d'Experts de la Pharmacopée Internationale et des Préparations pharmaceutiques

Request for an international non-proprietary name (I. N. N.)
Demande de dénomination commune internationale (D. C. I.)

Date N°
(To be filled in by WHO. - A remplir par l'OMS.)

Submitted by
Présentée par
Address
Adresse

Copies forwarded to
....
.... 19.....

I (we) request the World Health Organization to establish a free and unrestricted international non-proprietary name for the pharmaceutical preparation described herein.

L'Organisation Mondiale de la Santé est priée de bien vouloir établir une dénomination commune internationale d'usage libre pour la préparation pharmaceutique dont la description suit.

Acknowledged
....
.... 19.....

SUGGESTED NAMES (in order of preference) 1 ....
DÉNOMINATIONS SUGGÉRÉES
(par ordre de préférence) 2 ....
3 ....

CHEMICAL NAME OR DESCRIPTION *
NOM CHIMIQUE OU DESCRIPTION *

GRAPHIC FORMULA (if known) *
FORMULE DÉVELOPPÉE
(si elle est connue) *

Molecular formula:
Formule brute:

TRADE NAMES, known or contemplated, and name of manufacturer
NOMS COMMERCIAUX, connus ou envisagés, et nom du fabricant

PRINCIPAL THERAPEUTIC USES AND POSOLOGY *
PRINCIPALES INDICATIONS THÉRAPEUTIQUES ET POSOLOGIE *

COMMENTS
REMARQUES

The name as indicated above has been accepted by	La dénomination indiquée ci-dessus a été acceptée par
Member / Membre	Reference / Référence

* Please give references to published literature. - Veuillez donner des références aux publications éventuelles.
Additional information may be given on an attached sheet. - Tous renseignements complémentaires pourront être fournis sur une autre feuille.

This proposal is made with the understanding that insofar as is known none of the suggested names is registered or the subject of pending registration.
En présentant cette proposition, le signataire déclare qu'à sa connaissance aucune des dénominations suggérées n'a été déposée ou n'est sur le point de l'être.

Date Signature

(To be filled by WHO. - A remplir par l'OMS.)

WHO 218 - 6/69 - 2.000 (20x100)

1) Text adopted by the Executive Board of WHO in resolution EB 15.R7 (Off. Rec. Wld Hlth Org., 1955, **60**, 3) and amended by the Board in resolution EB 43.R9 (Off. Rec. Wld Hlth Org., 1969, **173**, 10).
2) Abgedruckt unter C **05 06** 10 Int.
3) The title of this publication was changed to WHO Chronicle in January 1959.
4) Text reproduced from: WHO Technical Report Series, No. 581, 1975 (Nonproprietary names for pharmaceutical substances. Twentieth report of the WHO Expert Committee), Annex 2.
5) s. Muster eines Ausdruckes aus einer kumulativen Liste der WHO auf S. 6
6) Die hier verwendeten Abkürzungen haben folgende Bedeutung:

INN	International non-proprietary name	INNp	International non-proprietary name, proposed
INNr	International non-proprietary name, recommended	DCF	Denomination commune française
NFN	Name approved by the Nordic Pharmacopolia Council	USAN	United States Adopted Name
CAS	Chemical Abstracts Service		

Internationale Empfehlungen der Fédération Internationale Pharmaceutique für die Bezeichnung, Verpackung und Etikettierung pharmazeutischer Spezialitäten (Arzneispezialitäten)[1])

1. In Anbetracht der Tatsache, daß in der Arzneimitteltherapie der pharmazeutischen Spezialität (Arzneispezialität) größte Bedeutung zukommt,

2. Unter Beachtung der Probleme, die auf dem Weg der pharmazeutischen Spezialität (Arzneispezialität) vom Hersteller über den Großhändler und über den Apotheker zum Verbraucher auftreten können,

3. In Erwägung der Tatsache, daß nationale Vorschriften und praktische Schwierigkeiten die Einhaltung dieser Empfehlungen beeinträchtigen können,

4. In der Erkenntnis, daß diese Empfehlungen demnach nicht als eine Beschränkung der Rechte und Verantwortlichkeiten der Hersteller und Vertriebsunternehmen pharmazeutischer Spezialitäten (Arzneispezialitäten) oder der Rechte und beruflichen Prärogativen des seinen Beruf ausübenden Apothekers gedeutet werden können,

5. Im Interesse einer reibungslosen Zusammenarbeit zwischen Arzt und Apotheker bei der Verordnung und Abgabe von pharmazeutischen Spezialitäten (Arzneispezialitäten),

6. Empfiehlt die Generalversammlung der Fédération Internationale Pharmaceutique hinsichtlich der Bezeichnung, der Verpackung und der Etikettierung von pharmazeutischen Spezialitäten (Arzneispezialitäten):

7. **Bezeichnung**

   Es ist wünschenswert, daß die Warenzeichen sowie die international verwendeten Gemeinnamen der pharmazeutischen Spezialitäten (Arzneispezialitäten) nach Möglichkeit in allen Ländern identisch sein sollen.

8. Wenn differenzierende Adjektiva (z. B. „Compositum", „Retard", „Sedativ", „Depot" usw.) verwandt werden, sollten diese möglichst gleichrangig in Zusammenhang mit dem Namen der pharmazeutischen Spezialität (Arzneispezialität) aufgeführt werden.

9. Die Differenzierung der pharmazeutischen Spezialitäten (Arzneispezialitäten) durch einzelne Buchstaben an Stelle zugefügter Wörter ist wegen Verwechslungsgefahr möglichst zu vermeiden (z. B. „S" für „Sedativ", „Sulfonamid', „Spezial', „Simplex", „p", für „Pädiatrie" und „Penicillin', usw.).

10. Gibt es mehrere Dosierungen derselben Darreichungsform einer pharmazeutischen Spezialität (Arzneispezialität) mit einem Wirkstoff, so ist die unterschiedliche Dosierung möglichst durch Zahlenangaben und nicht durch Adjektiva auf der Verpackung auszudrücken.

11. Wenn die Bezeichnung einer speziellen Darreichungsform markenrechtlich geschützt ist, so soll diese Bezeichnung, sofern sie nicht allgemein bekannt und verständlich ist, erklärt werden.

12. Wird als Bezeichnung einer pharmazeutischen Spezialität (Arzneispezialität) eine pharmazeutische Bezeichnung oder eine chemische Kurzbezeichnung verwandt, sollte neben diesen Bezeichnungen der Name der Herstellerfirma oder der Vertriebsfirma (bzw. der Name der für das Inverkehrbringen verantwortlichen Person) aufgeführt werden.

13. Falls eine pharmazeutische Spezialität (Arzneispezialität) in einer Erwachsenen- und einer Kinderdosierung auf den Markt kommt, sind diese verschiedenen Packungen unmißverständlich zu kennzeichnen.

14. **Verpackung**
Im Hinblick auf Lagerschwierigkeiten in den Apotheken sollen die Packungen nach Möglichkeit so gestaltet sein, daß die bei der Lagerung sichtbar bleibende Seite deutlich den vollständigen Namen der pharmazeutischen Spezialität (Arzneispezialität) zeigt. Unnötig große Packungen sollen vermieden werden. Diese Empfehlung schließt die Verwendung von Durchdrückpackungen nicht aus.

15. Sofern es die Packungsgröße erlaubt, sollte die Packung so beschaffen sein, daß der Apotheker seine Etikette oder seinen Stempel darauf anbringen und die vom Arzt vorgeschriebene Gebrauchsanweisung vermerken kann, ohne dabei wichtige Angaben zu verdecken.

16. Auch bei Beibehaltung firmenspezifischer Packungen sollte auf die Unterscheidbarkeit der einzelnen pharmazeutischen Spezialitäten (Arzneispezialitäten) Wert gelegt werden, um Verwechslungen vorzubeugen.

17. Die für den Apotheker bei der Abgabe notwendigen Angaben (Namen der pharmazeutischen Spezialität (Arzneispezialität), Darreichungsform, Dosierung, Inhaltsmenge) sollten möglichst auf einer Seite der Packung vereinigt sein.

18. **Etikettierung**
Die Angabe der Art des Inhaltes und der Dosierung ist so vorzunehmen, daß sie Mißverständnisse in der Anwendung ausschließt. Die entsprechende Anwendungsweise sollte erwähnt werden.

19. Wenn notwendig, sind Weisungen für die Lagerung einer pharmazeutischen Spezialität (Arzneispezialität) deutlich und unmißverständlich unter Beachtung der Empfeh-

lungen der Generalversammlung der F. I. P. 1966 in Madrid (J. Mond. Nr. 2/1966) anzuführen, sofern nationale Gesetze oder Verordnungen keine abweichende Regelung treffen.

20. Ein unverschlüsseltes Verfalldatum braucht nur bei pharmazeutischen Spezialitäten (Arzneispezialitäten) mit sehr kurzfristig begrenzter Haltbarkeit angegeben zu werden oder wenn diese Spezialitäten eine Haltbarkeitsfrist haben, nach Ablauf derselben sie nicht mehr abgegeben werden dürfen.

21. Wenn eine pharmazeutische Spezialität (Arzneispezialität) vor der Abgabe oder Anwendung vom Apotheker gebrauchsfertig gemacht werden muß, sollte sie entsprechend gekennzeichnet sein. Die Zubereitungsweise, Lagervermerke und die Haltbarkeitsdauer sollten ebenfalls angegeben werden.

22. Die Generalversammlung der Fédération Internationale Pharmaceutique unterstützt vorstehende Empfehlungen, die sich zu vermehrter Sicherheit bei der Abgabe von pharmazeutischen Spezialitäten (Arzneispezialitäten) und zum Wohl der Patienten auswirken sollen.

[1]) Dieses Dokument, das bei der am 31. August 1973 in Stockholm abgehaltenen Tagung des Rates der F. I. P. anerkannt wurde, wird gemeinschaftlich von den Sektionen der Industrieapotheker und der Offizinapotheker herausgegeben. Es ist von der F. I. P.-Generalversammlung am 5. und 6. September 1974 in Rom offiziell anerkannt worden.

Verfügung Nr. 7/70
des *Deutschen Institutes für Arzneimittelwesen*[1])
vom 3. Februar 1970

i. d. F. der Information Nr. 6/74 für Bezirksapotheker aus dem Institut für Arzneimittelwesen der DDR vom 19. Juni 1974 und der Information Nr. 3/78 für Bezirksapotheker aus dem Institut für Arzneimittelwesen der DDR vom 30. Januar 1978

— Auszug —

Betr.: Kennzeichnung von Import-Arzneimitteln

Import-Arzneifertigwaren, die keine Chargennummer entsprechend dem Schlüssel des Arzneimittelgesetzes (1. DB §.14) tragen, sind vom Importlager[2]) mit Klebeetiketten zu versehen, aus denen das jeweilige Importhalbjahr[4]) hervorgeht.
Beispiel:

Importiert durch:
SVPM
2. Halbj. 1977

Die Haltbarkeitsfrist beginnt dementsprechend am 1. Januar bzw. am 1. Juli des angegebenen Halbjahres.
Teilpackungen gemäß Verfügung Nr. 7/72 sind in solchen Fällen mit dem Importhalbjahr und der Chargennummer des Herstellers zu kennzeichnen.
Soweit derartige Import-Arzneifertigwaren nicht länger als 3 Jahre haltbar oder wirksam sind, finden die nachstehenden Klebeetiketten Anwendung:

Importiert durch:
SVPM
2. Halbj. 1977

Wenn das Verfalldatum nicht eindeutig aus der Deklaration erkennbar ist, gilt diejenige Haltbarkeitsfrist als verbindlich, die in der gültigen Importnomenklatur des SVPM-Importlagers[2]) angegeben ist, wobei die Laufzeit am 1. Januar bzw. 1. Juli des jeweils auf dem Klebeetikett angegebenen Importhalbjahres beginnt. In diesem Fall ist die Einhaltung der Haltbarkeitsfrist in den Versorgungsdepots und Apotheken durch entsprechende Kennzeichnung der Einzelpackungen, Gebinde und Aufbewahrungsorte zu sichern.

Werden Import-Arzneifertigwaren, die mit Klebeetiketten entsprechend den oben angegebenen Mustern zu versehen sind, in Gebinden ausgeliefert, so ist vom Importlager eine entsprechende Anzahl Klebeetiketten mitzuliefern und diese in den Versorgungsdepots unverzüglich nach Anbruch der Gebinde auf den Einzelpackungen anzubringen.
Soweit Versorgungsdepots Gebinde solcher Import-Arzneifertigwaren an Apotheken ausliefern, ist der Sendung eine entsprechende Anzahl Klebeetiketten beizulegen, die in den Apotheken bzw. nichtöffentlichen tierärztlichen Apotheken unverzüglich nach Anbruch der Gebinde auf den Einzelpackungen anzubringen sind.

. . .

Soweit bezüglich der Aufbewahrungsvorschriften von Import-Arzneifertigwaren Zweifel bestehen, gelten die Festlegungen in der gültigen Importnomenklatur des SVPM-Importlagers[2]).
Das SVPM-Importlager[2]) ist verpflichtet, die in die Importnomenklatur aufzunehmenden Verfallzeiten, Aufbewahrungsvorschriften und Abgabebezeichnungen mit dem *Deutschen Institut für Arzneimittelwesen*[1]), bei Arzneimitteln zur Anwendung in der Veterinärmedizin mit dem Staatlichen Veterinärmedizinischen Prüfungsinstitut, abzustimmen und sämtlichen Versorgungsdepots und Apotheken je ein Exemplar der Importnomenklatur zur Verfügung zu stellen.
Import-Arzneifertigwaren gelten grundsätzlich als rezeptpflichtig, soweit nicht ausdrücklich die Abgabebezeichnung A deklariert ist oder in der gültigen Importnomenklatur des SVPM-Importlagers[2]) etwas anderes festgelegt ist.
Bei einer nicht den arzneimittelgesetzlichen Bestimmungen entsprechenden Kennzeichnung von Import-Arzneifertigwaren sind in folgenden Fällen Ausnahmegenehmigungen des *Deutschen Instituts für Arzneimittelwesen*[1]), bei Arzneimitteln zur Anwendung in der Veterinärmedizin Ausnahmegenehmigungen des Staatlichen Veterinärmedizinischen Prüfungsinstitut, erforderlich.

Nomenklatur A und B

Für Abweichungen der Kennzeichnung von den Bestimmungen der 1. DB zum AMG § 11 (1) in den Buchstaben h, i und k sowie § 11 (3) im Buchstaben c gilt bei Berücksichtigung der Ausführungen dieser Verfügung (Anbringen von Klebeetiketten; Information über Aufbewahrung durch Importnomenklatur des SVPM-Importlagers) die generelle Ausnahmegenehmigung als erteilt.
Für alle übrigen Abweichungen der Kennzeichnung von den arzneimittelgesetzlichen Bestimmungen sind detaillierte Ausnahmegenehmigungen erforderlich.
Bei fremdsprachig aufgemachten Packungen ist in jedem Fall eine spezielle Ausnahmegenehmigung einzuholen.

Nomenklatur C

Für Abweichungen der Kennzeichnung von den Bestimmungen der 1. DB zum AMG § 11 (1) in den Buchstaben h und i gilt bei Berücksichtigung der Ausführungen dieser Verfügung (Anbringen von Klebeetiketten; Information über Aufbewahrung durch Importnomenklatur des SVPM-Importlagers[2]) die generelle Ausnahmegenehmigung als erteilt.
Für alle übrigen Abweichungen der Kennzeichnung von den arzneimittelgesetzlichen Bestimmungen gilt die generelle Ausnahmegenehmigung unter folgenden Voraussetzungen als erteilt:

— die arzneilich wirksamen Bestandteile nach Volumen- oder Masseeinheit oder Wirkungswert unter Verwendung wissenschaftlich gebräuchlicher Bezeichnungen müssen auf den Einzelpackungen deklariert sein,
— bei der Abgabe des Präparates an den Endverbraucher muß dieser eine eindeutige Gebrauchsanweisung in deutscher Sprache erhalten
— bei Präparaten, die nicht länger als 3 Jahre haltbar oder wirksam sind, muß das Verfalldatum auf der Packung deklariert sein.

Bei fremdsprachig aufgemachten Packungen ist in jedem Fall eine spezielle Ausnahmegenehmigung einzuholen.

Nomenklatur D

Für Abweichungen der Kennzeichnung von den Bestimmungen der 1. DB zum AMG § 11 (1) im Buchstaben h gilt bei Berücksichtigung der Ausführungen dieser Verfügung (Anbringen von Klebeetiketten) die generelle Ausnahmegenehmigung als erteilt. Für alle übrigen Abweichungen der Kennzeichnung von den arzneimittelgesetzlichen Bestimmungen gilt die generelle Ausnahmegenehmigung unter folgenden Voraussetzungen als erteilt:

— die arzneilich wirksamen Bestandteile nach Volumen- oder Masseeinheit oder Wirkungswert unter Verwendung wissenschaftlich-gebräuchlicher Bezeichnungen müssen auf den Einzelpackungen deklariert sein,
— bei der Abgabe des Präparates an den Endverbraucher muß dieser eine eindeutige Gebrauchsanweisung in deutscher Sprache erhalten
— Präparate, die nicht länger als 3 Jahre haltbar oder wirksam sind und auf denen das Verfalldatum nicht eindeutig deklariert ist, müssen in der Apotheke bzw. in der nichtöffentlichen tierärztlichen Apotheke mit dem Verfalldatum versehen werden.

Die Verfügung gilt für Import-Arzneifertigwaren und für sämtliche den Arzneimitteln gleichgestellte Stoffe, Zubereitungen und Gegenstände entsprechend § 3 AMG, die vom SVPM importiert und in Originalpackungen an Apotheken oder andere Einrichtungen abgegeben werden.

Ergänzungen und Änderungen:

- Importarzneifertigwaren, die keine Chargennummer entsprechend den arzneimittelgesetzlichen Bestimmungen der DDR tragen, sind nicht mit Aufklebern (Importiert durch SVPM...) zu versehen, wenn das Verfalldatum auf den Packungen eindeutig deklariert ist.[3])
- Verbindliche Angaben zur Haltbarkeitsdauer, zu den Lagerungsbedingungen und zu sonstigen, deklarationspflichtigen Hinweisen für alle neu in den Verkehr gelangenden Importarzneifertigwaren sind ab 1974 in den Informationen für Bezirksapotheker (aus dem IFAR) enthalten.[4])

[1]) Jetzt: Institut für Arzneimittelwesen der DDR.

[2]) Jetzt: Zentraldepot für Pharmazie und Medizintechnik, Versorgungsbereich Pharmazie, 1253 Rüdersdorf, Maienbergstr. 10/10.

[3]) Ergänzung aus Information Nr. 6/74 für Bezirksapotheker.

[4]) Änderung durch Information Nr. 3/78 für Bezirksapotheker.

Anweisung über Auslauffristen für Arzneimittel

vom 23. Februar 1967

(VuM MfGe Nr. 6 S. 41)

i. d. F. der Anweisung Nr. 2 vom 22. Februar 1968

(VuM MfGe Nr. 6 S. 61)[1])

Auf Grund des § 22 Abs. 3 des Arzneimittelgesetzes vom 5. Mai 1964 (GBl. I S. 101)[2]) und des § 3 Abs. 3 der Zweiten Durchführungsbestimmung vom 15. Mai 1964 zum Arzneimittelgesetz (GBl. II S. 502)[3]) wird folgendes angewiesen:

1.

(1) Arzneimittel, die im Arzneimittelregister gelöscht sind, dürfen vom Zeitpunkt ihrer Löschung an nicht mehr hergestellt und, sofern keine besonderen Auslauffristen gemäß § 22 Abs. 3 des Arzneimittelgesetzes festgelegt sind,

a) nach Ablauf der jeweiligen Verfallzeit (§ 19 Buchstabe b des Arzneimittelgesetzes),
b) wenn eine Verfallzeit nicht besteht, nach Ablauf von 5 Jahren vom Zeitpunkt ihrer Herstellung an nicht mehr vorrätig gehalten und abgegeben werden.

(2) Die Fristen gemäß Abs. 1 Buchstaben a und b gelten nicht für Arzneimittel, bei denen das *Deutsche Arzneibuch* (*DAB*)[4]) nach Ablauf bestimmter Aufbewahrungsfristen eine Prüfung vorschreibt und die nach dem Ergebnis der Prüfung bereits zu einem früheren Zeitpunkt von der Verwendung als Arzneimittel auszuschließen sind.

(3) Die Bestimmungen des Abs. 1 finden auf Gesundheitspflegemittel, bei deren Löschung im Verzeichnis der Gesundheitspflegemittel gemäß § 3 Abs. 3 der Zweiten Durchführungsbestimmung zum Arzneimittelgesetz keine besonderen Auslauffristen festgelegt werden, entsprechende Anwendung.

2.

(1) Von den Bestimmungen der Ziff. 1 unberührt bleibt die Befugnis zur Herstellung und Abgabe von Arzneimitteln gemäß Ziff. 1 Abs. 1 als Arznei, soweit deren einzelne Bestandteile als Stoffe und Zubereitungen gemäß § 17 Abs. 4 des Arzneimittelgesetzes in das Arzneimittelregister eingetragen sind.

3.

(1) Zur Errechnung der Auslauffristen bei Import-Arzneimitteln, deren Kennzeichnung den Zeitpunkt der Herstellung nicht erkennen läßt, ist vom 1. Januar des jeweiligen Einfuhrjahres auszugehen.

(2) Läßt sich bei Import-Arzneimitteln gemäß Abs. 1 anhand der Kennzeichnung das Jahr der Einfuhr nicht feststellen, so ist zur Errechnung der Auslauffristen der 1. Januar 1965 zugrunde zu legen.

(3) Die Bestimmungen der Absätze 1 und 2 finden auf importierte Gesundheitspflegemittel entsprechende Anwendung.

4.

(1) Zur Errechnung der Auslauffristen für Arzneimittel und Gesundheitspflegemittel, deren genehmigte vereinfachte Chargenkennzeichnung nur das Jahr der Herstellung erkennen läßt, ist vom 1. Januar des jeweiligen Herstellungsjahres auszugehen.

(2) Für Gesundheitspflegemittel, die keine Chargenkennzeichnung tragen oder deren Chargenkennzeichnung den Zeitpunkt der Herstellung nicht erkennen läßt, ist zur Errechnung der Auslauffristen der 1. Januar 1965 zugrunde zu legen.

5.

Soweit von den in Ziff. 1 Absätze 1 und 2 genannten Arzneimitteln auch nach Ablauf der Auslauffristen noch umfangreiche Bestände vorhanden sind, ist dem *Deutschen Institut für Arzneimittelwesen*[5]) Mitteilung zu machen.

[1]) Durch die Anw. Nr. 2, in Kraft getreten am 21. 3. 1968, hat die Ziff. 2 der Anw. vom 23. 2. 1967 die abgedruckte Fassung erhalten.

[2]) Abgedruckt unter C 01 01.

[3]) Abgedruckt unter C 01 03.

[4]) Jetzt: Arzneibuch der DDR (AB—DDR).

[5]) Jetzt: Institut für Arzneimittelwesen der DDR.

Anweisung zur Einführung eines neuen Rezeptvordruckes vom 11. November 1970

(VuM MfGe Nr. 23 S. 147)

i. d. F. der Anw. zur Veränderung der Rezeptabrechnung vom 22. August 1979

(VuM MfGe Nr. 7 S. 108)

Um der großen Bedeutung der Arzneimittelverordnung in Durchführung einer wissenschaftlichen Therapie, Diagnostik und Prophylaxe Rechnung zu tragen und damit gleichzeitig die Bedarfsermittlung und die Planung des Arzneimittelverbrauchs zu verbessern, wird angewiesen:

1. Ab 1. Januar 1971 wird ein neuer Rezeptvordruck eingeführt (Anlage 1). Er ist von diesem Zeitpunkt an von allen Ärzten und Zahnärzten, die zur Verschreibung von Arzneimitteln für Sozialversicherte berechtigt sind, zu verwenden.

2. Die Angaben zur Person sowie die Lochfelder 1–7 sind von den Ärzten und Zahnärzten und die Lochfelder 8–16 in der Apotheke unter Beachtung der Erläuterungen zu dieser Anweisung auszufüllen (siehe auch Hinweise auf der Rückseite des Rezeptvordruckes).

3. Der neue Rezeptvordruck ist nur für die Verschreibung von Arzneimitteln sowie gleichgestellten Stoffen und Erzeugnissen zu nutzen. Für Gesundheitspflegemittel, die in Apotheken geführt werden und deren Kosten die Sozialversicherung trägt, gilt dieser Grundsatz sinngemäß. Dieser Vordruck ist gleichzeitig als Teilrezept zu verwenden. Alle vorhandenen Angaben sind in der Apotheke auf das als Teilrezept zu kennzeichnende Rezept zu übertragen.
   Die bisherigen Rezeptvordrucke sind ab 1. Januar 1971 nicht mehr zur Arzneimittelverschreibung zu verwenden, sondern für den innerbetrieblichen Informationsfluß in den Einrichtungen des Gesundheits- und Sozialwesens bzw. für die Verordnung für Heil- und Hilfsmittel sowie für physiotherapeutische Verordnungen aufzubrauchen.
   Die Bezirksdirektoren der Versicherungsträger veranlassen die Abgabe von Beständen alter Rezeptvordrucke an die Abteilungen Gesundheits- und Sozialwesen der Räte der Kreise und Städte.

4. Für suchtmittelhaltige Arzneimittel (Betäubungsmittel) sind die bisherigen besonderen Vordrucke zu verwenden.

5. Die Versicherungsträger finanzieren die Leistungen und prüfen die Rechnungen der Apotheken nach den bisherigen Grundsätzen. Für die Abrechnung durch die Apotheken sind von den Versicherungsträgern die Abrechnungsvordrucke entsprechend den Sortierungsgrundsätzen zu verändern.

6. Zentrale Auswertungsprogramme werden durch den Minister für Gesundheitswesen vorgegeben.
   Die Bezirksärzte treffen darüber hinaus in Abstimmung mit den Versicherungsträgern und auf Vorschlag der Bezirkstherapiekommission Festlegungen, wie im Territorium die durch das Rezept erhaltenen Informationen ausgewertet werden sollen.
7. In Verbindung mit der Einführung des neuen Rezeptvordruckes werden Erläuterungen für die Hinweise zur Einführung des neuen Rezeptvordrucks (Anlagen 2, 3 u. 4) herausgegeben.
8. Die Anweisung tritt mit Wirkung vom 1. Januar 1971 in Kraft. Dieser Anweisung entgegenstehende Bestimmungen verlieren zum gleichen Termin ihre Gültigkeit

Anlage 1

zu vorstehender Anweisung

1	2	3	4	5

Name: Vorname:

Wohnanschrift: 6 7

Geburtsdatum: Ausstellungsdatum:

Gültig innerhalb von 10 Tagen nach Ausstellung M Pf

1.	8	9
2.	10	11
3.	12	13
4.	14	15
	16	Rezeptar / Abgabe

Unterschrift, Namenstempel und Telefon des Arztes
Stempel der Einrichtung

Erläuterungen zur Ausfüllung des Rezeptvordruckes:
Die Felder 1 bis 7 (am oberen Rand und hinter der Zeile „Wohnanschrift“) sind bei Ausstellung eines Rezeptes auszufüllen.

Die Felder 8 bis 16 füllen die Apotheken aus.

Lochfeld	Schlüsselzahl	
1 Kostenträger	1 = SV/FDGB 2 = SV/Staatl. Vers. 3 = SV/Wismut	4 = SV-FDGB-Sprechstundenbedarf 5 = Freiw. Vers. Staatl. Vers. 6 = Andere Kostenträger
2 Soziale Stellung	1 = Berufstätige 2 = Rentner, nichtberufstätig	3 = Erwachs. Familienangehörige 4 = Kinder/Schüler vor der Berufstätigkeit
3 Geburtsjahr	z. B. 07 = 1907	
4 Geschlecht	1 = männlich 2 = weiblich	

5 Arzt-Nummernstempel
6 Diagnose-Schlüssel, 3stellig
7 Vorüberg. AU von Berufstätigen
1 = ja

8, 10, 12, 14 Indik.-Gruppe
9, 11, 13,15 Betrag
16 Leistungseinheiten

Apothekenstempel

Auf diesem Rezept können bis zu vier Arzneimittel verordnet werden. Nur vollständig ausgefüllte Rezepte dürfen beliefert werden.

Soz. 062 VLV Freiberg ZB Dresden

Anlage 2

zu vorstehender Anweisung

Erläuterungen zur Einführung eines neuen Rezeptvordruckes

Nach gemeinsamer Vorarbeit und Abstimmung mit der Sozialversicherung des FDGB und der Staatlichen Versicherung wird den Ärzten, Apothekern und den Versicherungsträgern zum 1. Januar 1971 ein neuer, einheitlicher, modernen Ansprüchen genügender Rezeptvordruck zur Verfügung gestellt.
Der neue Rezeptvordruck ist allen bisher üblichen Arten einer Abrechnung und Auswertung zugängig. Sein Vorteil besteht darin, daß er ausgelegt ist zur maschinellen und elektronischen Datenverarbeitung, welche eine Auswertung nach Programmen gestattet. Hiermit wird 1971 schrittweise in den Bezirken begonnen. Mit dieser Auswertung wird auch gesichert, daß trotz des zunächst entstehenden Mehraufwandes bei der Verwendung des neuen Formulars ein echter Rationalisierungseffekt eintreten wird.
Das entscheidende Neue an dem Rezeptformular ist das Vermerken der medizinischen Diagnose, welche in Verbindung mit der Arzneimittelverordnung steht. Damit werden durch das Rezept Aussagen zum Konsultationsanlaß und zur Morbidität gemacht, die in Beziehung mit den verordneten Arzneimitteln gesetzt zu bisher nicht objektivierbaren Erkenntnissen führen. Unser Wissen um epidemiologisches Geschehen in den Territorien, unter bestimmten Alters- und Bevölkerungsgruppen, zu den jeweiligen Jahreszeiten wird konkreter, die morbiditätsabhängige Bedarfsstruktur an Arzneimitteln wird erkennbar, die Dynamik der Durchsetzung neuer wissenschaftlicher Erkenntnisse in der Verordnungsweise wird sichtbar.
Das neue Rezept wird den verordnenden Ärzten Möglichkeiten einer besseren Information und des Nachweises ihrer wissenschaftlichen Verordnungsweise eröffnen.
Dieses alles sind wichtige Voraussetzungen für die Verbesserung der wissenschaftlichen Planung und Leitung des Gesundheitswesens der DDR mit dem Ziel einer höheren Qualität und Effektivität der medizinischen Betreuung der Bevölkerung.

Anlage 3

zu vorstehender Anweisung

Hinweise zur Einführung eines neuen Rezeptvordruckes — für Ärzte[1]) —

1. **Zur Ausfüllung des Rezeptes:**

Das Rezept ist entsprechend den Erläuterungen auf der Rückseite des Rezeptvordruckes auszufüllen.
Folgende Erläuterungen zur Verschlüsselung der Lochfelder verdienen darüber hinaus besondere Beachtung.

Zu Lochfeld 1 – Kostenträger:

Schlüsselzahl 4 – Bezug von Sprechstundenbedarf nur für die in eigener Praxis niedergelassenen Ärzte und Zahnärzte.
Anstelle der Angaben zur Person ist „Sprechstundenbedarf“ zu vermerken.

Schlüsselzahl 6 – Arzneimittelverschreibungen, die vom Patienten selbst zu bezahlen sind (z. B. Antikonzeptionsmittel, Antirauchermittel). Diese Rezepte sind außerdem vom Arzt durch das Wort „Selbstzahler“ auf dem vorderen oberen Rand des Vordruckes zu kennzeichnen.

Zu Lochfeld 2 – Soziale Stellung:

Schlüsselzahl 1 – Als Berufstätige gelten auch berufstätige Rentner, Lehrlinge, Studenten, Hoch- und Fachschüler.

Schlüsselzahl 3 – nicht berufstätige erwachsene Familienangehörige.

Zu Lochfeld 5 – Arztnummernstempel:

Es ist der neue 10stellige Arztnummernstempel zu verwenden (vgl. Anweisung vom 10. 9. 1970 zur Einführung einer einheitlichen Arztnumeristik für die elektronische Datenverarbeitung an die Bezirke und Kreise). Die neue Arztnumeristik identifiziert den Bezirk, den Kreis, die ambulante Einrichtung, bei Entlassungsrezepten auch die Station, die Fachrichtung oder Beratungssprechstunde und den verordnenden Arzt. Ärzte in Fachausbildung haben in der ambulant-medizinischen Ausbildungseinrichtung einen eigenen Stempel, bei Delegierungen benutzen sie den ihres ambulant-medizinisch tätigen Ausbildungsleiters mit.
Diese neuen Arztnummernstempel sind für Rezepte und Arbeitsbefreiungsbescheinigungen in Anwendung zu bringen.

Zu Lochfeld 6 – Diagnose:

Generell wird die 3stellige Diagnosenummer der gültigen „Internationalen Statistischen Klassifikation der Krankheiten, Verletzungen und Todesursachen der Weltgesundheitsorganisation (WHO)“ verwendet. Es ist die Diagnose einzutragen, die am Tage der Ausstellung des Rezeptes hauptsächliche Konsultationsursache war, unabhängig davon, ob noch zusätzlich andere Krankheiten bestehen.

Zu Lochfeld 7 – Vorübergehende Arbeitsbefreiung wegen Arbeitsunfähigkeit:

Schlüsselzahl 1 – vorübergehende Arbeitsunfähigkeit eines Berufstätigen
Schlüsselzahl 0 – keine Arbeitsunfähigkeit.

Das Rezept ist mit dem Stempel der Einrichtung einschließlich Fachabteilung, dem Namensstempel und der Diensttelefonnummer des Arztes sowie seiner Unterschrift zu versehen.

2. Es besteht die Möglichkeit, bis zu 4 Verschreibungen auf einem Rezeptvordruck vorzunehmen. Die erste Verordnung soll sich auf die Behandlungsursache (Lochfeld 6) beziehen, soweit diese eine Arzneimittelverordnung erfordert.

   Jede Rezeptur gilt als 1 Arzneimittel,

   Verbandstoffe, Pflaster, Krankenpflegemittel werden insgesamt als 1 Position gewertet.

3. Zur Verordnung zugelassene Arzneimittel und ihnen gleichgestellte Erzeugnisse sind in dem jeweils gültigen Arzneimittelverzeichnis Teil I und Teil II sowie in der jeweils gültigen Nomenklatur C aufgeführt, wobei die in den Verfügungen und Mitteilungen des Ministeriums für Gesundheitswesen regelmäßig erscheinenden Bekanntmachungen über Neueintragungen, Löschungen und Änderungen zu berücksichtigen sind.
   Die Regelung gilt auch für sonstige den Arzneimitteln gleichgestellte Stoffe, Zubereitungen und Gegenstände sowie für Gesundheitspflegemittel, soweit gemäß den geltenden Bestimmungen die Kosten durch die Versicherungsträger übernommen werden. Bei Verordnung von Arzneimitteln der Nomenklatur B und C sind die hierfür erlassenen Anweisungen zu berücksichtigen.
   Für Arzneimittel-Einzelanforderungen ist die Neufassung der Richtlinie über Arzneimittel-Einzelanforderungen vom 29. 5. 1959 und 16. 1. 1967 gültig.

Anlage 4

zu vorstehender Anweisung

Hinweise zur Einführung eines neuen Rezeptvordruckes — für Apotheker —

1. **Zur Ausfüllung des Rezeptes:**

   Das Rezept ist entsprechend den Erläuterungen auf seiner Rückseite auszufüllen.
   Erläuterungen zur Ausfüllung der Lochfelder:

   - Lochfeld 8, 10, 12, 14 – Arzneimittel – Indikationsgruppe, auszufüllen in den Kreisen, in denen das EDV-Auswertungsprogramm oder andere Auswertungen zur Anwendung kommen.
   - Lochfeld 9, 11, 13, 15 – Preisangabe, in jedem Fall auszufüllen. In Kreisen, in denen ein EDV-Auswertungsprogramm noch nicht zur Anwendung kommt, erfolgt die Aufrechnung im freien Feld unterhalb des Lochfeldes 15.
   - Lochfeld 16 – Leistungseinheiten, werden nur im Bezirk Schwerin eingetragen.

2. **Belieferung der Rezepte:**

   Von den Behandlungsstellen fehlerhaft verschlüsselte Rezepte sind von den Apotheken zu beliefern, wenn der Wille des verordnenden Arztes erkennbar ist. Der auf der Rückseite des Rezeptvordruckes enthaltene Vermerk „nur vollständig ausgefüllte Rezepte dürfen beliefert werden", bezieht sich auf die Arzneimittelverschreibungen.

Im Zusammenwirken mit den Ärzten und Zahnärzten sind unvollständig bzw. fehlerhaft ausgefüllte Rezeptvordrucke vor Abrechnung mit den Versicherungsträgern in den Apotheken zu korrigieren.
Bis 31. Januar 1971 werden Rezepte mit dem neunstelligen (alten) Arztnummernstempel noch von den Apotheken beliefert.

3. **Sortierung der Rezepte:**

Außer Kraft gesetzt durch die Anw. zur Veränderung der Rezeptabrechnung vom 22. 8. 1979 (VuM MfGe Nr. 7 S. 108).

[1]) S. a. Anweisung Nr. 2 zur Einführung eines neuen Rezeptvordruckes, abgedruckt unter C 05 09 21.

Anweisung Nr. 2[1])
zur Einführung eines neuen Rezeptvordruckes
vom 11. September 1974

(VuM MfGe Nr. 16 S. 127)

In Übereinstimmung mit dem Bundesvorstand des FDGB, Verwaltung der Sozialversicherung und der Staatlichen Versicherung der DDR wird zur Senkung des Verwaltungsaufwandes und zur Entlastung der Ärzte und Zahnärzte folgendes angewiesen:

1. Folgende Eintragungen auf dem Rezeptvordruck entfallen:

   Lochfeld 2 (soziale Stellung)
   Lochfeld 4 (Geschlecht)
   Lochfeld 6 (Diagnose-Schlüssel 3stellig)
   Lochfeld 7 (vorübergehende Arbeitsunfähigkeit von Berufstätigen)

   Die Angabe des vollständigen Geburtsdatums ab Beginn des 4. Lebensjahres. (Diese Angabe ist nur für Kleinkinder bis zum 3. Lebensjahr erforderlich.)

   Alle anderen Angaben sind entsprechend der Anweisung (Nr. 1) vom 11. 11. 1970[1]) weiterhin sorgfältig einzutragen[2]).

2. Auch in den bisherigen Testkreisen Grimma, Forst, Greiz, Bischofswerda, Dessau, Neuruppin, Bad Salzungen und Frankfurt/Oder (Stadt) entfallen die in Ziffer 1 genannten Lochfeldeintragungen.
   Der Wegfall ist bei der weiteren Rezeptabrechnung zu berücksichtigen.

3. Die Festlegung der Ziffer 1 findet im Bezirk Schwerin keine Anwendung. Hier wird die EDV-Rezeptauswertung zunächst bis zum 31. 12. 1975 weitergeführt.

4. Diese Anweisung tritt am 1. 10. 1974 in Kraft.

[1]) Anweisung Nr. 1 s. C **05 09** 20.

[2]) Inzwischen wurde nachstehend abgedruckter Rezeptvordruck eingeführt:

KT	Arzt-Nr.-Stempel	Ausstellungsdatum

Name, Vorname Geb.-Jahr*

Wohnanschrift

Gültig innerhalb von 10 Tagen nach Ausstellung

	M	Pf

Unterschrift, Namensstempel, Telefon des Arztes

Rezeptar	Abgabe

Kostenträger (KT): 1 = SV/FDGB
2 = SV/Staatliche Versicherung
3 = SV/Wismut
4 = SV/FDGB-Sprechstundenbedarf
5 = Freiwillige Versicherung Staatliche Versicherung
6 = Andere Kostenträger

* Geb.-Jahr: Vollständiges Geburtsdatum bei Kindern bis zur Vollendung des 3. Lebensjahres

Apothekenstempel

Nur vollständig ausgefüllte Rezepte dürfen beliefert werden.

Soz. 062 VV Freiberg, Außenstelle Dresden, Ag 307
III/4/14 78 D 31 347 1 000,0 (10270)

Anordnung zur Verschreibung von Arzneimitteln
vom 13. Oktober 1961

(GBl. II Nr. 70 S. 470)

Zur Vermeidung von Gefahren durch die Anwendung von Arzneimitteln, die der staatlichen Arzneimittelüberwachung entzogen sind, wird folgendes angeordnet:

§ 1

Ärztliche und zahnärztliche Verordnungen (Rezepte) dürfen nur für solche Arzneimittel ausgeschrieben werden, die in Apotheken der Deutschen Demokratischen Republik einschließlich ihrer *Hauptstadt (das demokratische Berlin)*[1]) auf Grund der Bestimmungen über den Verkehr mit Arzneimitteln abgegeben werden.

§ 2

Diese Anordnung tritt mit ihrer Verkündung in Kraft[2]).

[1]) Jetzt: Berlin, Hauptstadt der DDR.
[2]) In Kraft getreten am 15. 10. 1961.

Verfügung Nr. 1/78 des Institutes für Arzneimittelwesen der DDR

vom 1. Dezember 1977

Betr.: Qualitätssicherung von Stoffen und Zubereitungen, die als Arzneimittel oder Gesundheitspflegemittel oder zur Herstellung von Arzneimitteln oder Gesundheitspflegemitteln in die Deutsche Demokratische Republik eingeführt werden

Auf der Grundlage des § 15 Abs. 1 in Verbindung mit § 29 Abs. 1 des Arzneimittelgesetzes vom 5. Mai 1964 wird im Interesse des Gesundheitsschutzes sowie zur Qualitätssicherung von Stoffen und Zubereitungen, die als Arzneimittel oder Gesundheitspflegemittel oder zur Herstellung von Arzneimitteln oder Gesundheitspflegemitteln in die DDR eingeführt werden, folgendes verfügt:

1. Alle in die DDR als Arzneimittel oder Gesundheitspflegemittel oder zur Herstellung von Arzneimitteln oder Gesundheitspflegemitteln eingeführten Stoffe und Zubereitungen müssen hinsichtlich ihrer Beschaffenheit den Vorschriften der verbindlichen Fassung des Arzneibuches der Deutschen Demokratischen Republik (z. Zt. 2. AB-DDR) entsprechen. Arzneifertigwaren und Gesundheitspflegemittel müssen hinsichtlich der Qualität den Angaben der pharmazeutischen Gutachten entsprechen, die der Eintragung in das Arzneimittelregister bzw. in das Verzeichnis der Gesundheitspflegemittel beim Ministerium für Gesundheitswesen zugrunde gelegt worden sind.
   Die Betriebe und Außenhandelsunternehmen sind verpflichtet, in den Einfuhrverträgen die Vorschriften des 2. AB-DDR bzw. die der Registrierung als Arzneifertigware oder Gesundheitspflegemittel zugrundeliegenden Angaben der Gutachten vertraglich zu vereinbaren.

2. Soweit nachweislich – erforderlichenfalls unter Einschaltung des IFAR – kein Vertragsabschluß über die Qualität 2. AB-DDR bei Arzneistoffen zu erreichen ist, können neben dem Compendium Medicamentorum (CM–RGW) die Arzneibücher der Hersteller- bzw. Lieferländer, die jeweils gültige Ausgabe der Sowjetischen, Britischen, Amerikanischen oder Europäischen Pharmakopöe zur Qualitätsfestlegung dienen. Entsprechen die importierten Arzneimittel nicht den Forderungen des 2. AB-DDR, jedoch der vertraglich zwischen inländischem Arzneimittelbetrieb und dem AHB der DDR intermed-export-import vereinbarten Pharmakopöe, trägt der inländische Arzneimittelbetrieb im Falle der Versagung einer Ausnahmegenehmigung gem. Ziff. 4 dieser Verfügung das Risiko des infolge der Nichtverwendbarkeit oder begrenzten Verwendbarkeit für die Arzneimittelproduktion entstehenden Schadens.

3. Kann keine der unter 2. genannten Normen garantiert werden, bedarf der Abschluß des Liefervertrages der Zustimmung des IFAR.

Vom AHB intermed sind hierzu dem IFAR Angebotsmuster zu übergeben. Gegebenenfalls nach Rücksprache mit dem Verarbeitungsbetrieb werden vom IFAR Ausnahmegenehmigungen für Import und arzneiliche Verwendung erteilt.

4. Die TKO (P) der Verarbeitungsbetriebe sind verpflichtet, jeden Eingang unabhängig von der vereinbarten Qualität (vgl. Pkt. 2) nach dem 2. AB-DDR zu prüfen.
   Bei Abweichungen von den Forderungen des 2. AB-DDR darf die Verarbeitung erst nach Vorliegen der Ausnahmegenehmigung des IFAR erfolgen.
   Soweit das SVPM Erzeugnisse für den Arzneimittelverkehr bereithält, die nicht die Qualitätsbezeichnung „2. AB-DDR" tragen, muß in jedem Fall durch eine komplette Untersuchung die volle Übereinstimmung mit den Qualitätsforderungen des 2. AB-DDR nachgewiesen werden; ausgelieferte Erzeugnisse müssen eindeutig als in der Qualität dem 2. AB-DDR entsprechend gekennzeichnet sein. Bei Qualitätsabweichungen darf die Auslieferung nur mit einer Ausnahmegenehmigung des IFAR erfolgen; jedes Behältnis ist mit einem Klebeetikett des IFAR zu versehen, welches folgenden Text trägt: „Mit Genehmigung des Institutes für Arzneimittelwesen der DDR zur Verwendung freigegeben".

Vierundzwanzigste Durchführungsbestimmung zum Zollgesetz — Änderung des Genehmigungsverfahrens für die Ein- und Ausfuhr von Gegenständen im grenzüberschreitenden Reiseverkehr —

vom 22. Mai 1975

(GBl. I Nr. 24 S. 43)

— Auszug —

Auf Grund der §§ 9 und 19 des Zollgesetzes vom 28. März 1962 (GBl. I Nr. 3 S. 42)[1]) wird im Einvernehmen mit den Leitern der zuständigen zentralen staatlichen Organe folgendes bestimmt:

§ 1

(1) Reisenden ist das Mitführen von Arzneimitteln, medizinischem Verbrauchsmaterial und medizintechnischen Erzeugnissen in der dem Verbrauch angemessenen Menge dann erlaubt, wenn sie diese auf Grund ihres glaubhaft gemachten eigenen Gesundheitszustandes für den persönlichen Bedarf benötigen.

(2) Ärzten ist das Mitführen von Arzneimitteln, medizinischem Verbrauchsmaterial und medizintechnischen Erzeugnissen dann erlaubt, wenn diese nachweisbar zur im besuchten Staat zulässigen Berufsausübung benötigt werden.

...

§ 3

(1) Diese Durchführungsbestimmung tritt mit ihrer Veröffentlichung in Kraft[2]).

(2) Entgegenstehende Festlegungen der Elften Durchführungsbestimmung vom 12. Dezember 1968 zum Zollgesetz, Genehmigungsverfahren für die Aus- und Einfuhr von Gegenständen im grenzüberschreitenden Reiseverkehr — Genehmigungsverfahrensordnung — (GBl. II Nr. 132 S. 1057) werden gleichzeitig aufgehoben.[3])

[1]) In der Sammlung nicht abgedruckt.

[2]) In Kraft getreten am 12. 6. 1975.

[3]) Ziff. 7 der Anl. 1 und Ziff. 8 der Anl. 2 zu § 15 der 11. DB zum Zollgesetz entsprechen inhaltlich der 24. DB zum Zollgesetz und sind deshalb nicht mit abgedruckt.

Bekanntmachung über im grenzüberschreitenden Geschenkpaket- und päckchenverkehr auf dem Postwege geltende Verbote und Beschränkungen

vom 14. Juni 1973

(GBl. I Nr. 28 S. 272)

— Auszug —[1])

Gemäß den §§ 3 und 9 der Zwanzigsten Durchführungsbestimmung vom 14. Juni 1973 zum Zollgesetz — Verfahren für die Ein- und Ausfuhr von Gegenständen im grenzüberschreitenden Geschenkpaket- und -päckchenverkehr auf dem Postwege — (GBl. I Nr. 28 S. 271)[2]) werden im Einvernehmen mit den Leitern der zuständigen zentralen staatlichen Organe die geltenden Verbote und Beschränkungen bekanntgemacht.

1. Von der Einfuhr in Geschenksendungen sind ausgenommen:

   ....

   ....

   Arzneimittel und ihnen gleichgestellte Stoffe oder Zubereitungen;

   ....

   ....

2. Von der Ausfuhr in Geschenksendungen sind ausgenommen:

   ....

   ....

   Arzneimittel aller Art, die in der DDR rezeptpflichtig sind;

   ....

   ....

[1]) Die Bekanntmachung gilt z. Zt. i. d. F. der 3. Änderung vom 30. 11. 1976 (GBl. I Nr. 43 S. 502).

[2]) Die 20. DB, in dieser Sammlung nicht abgedruckt, gilt z. Z. i. d. F. der 27. DB vom 13. 9. 1976 zum Zollgesetz (GBl. I Nr. 34 S. 420).

Verordnung über die Entwicklung und Sicherung der Qualität der Erzeugnisse

vom 17. April 1980

(GBl. I Nr. 14 S. 117)

Zur Sicherung eines hohen qualitativen Niveaus der Erzeugnisse und der Produktion entsprechend den Erfordernissen der Volkswirtschaft, des Exports und der Versorgung der Bevölkerung bei sparsamsten gesellschaftlichem Aufwand wird folgendes verordnet:

§ 1

Geltungsbereich

(1) Diese Verordnung gilt für die volkseigenen Kombinate, Kombinatsbetriebe, Betriebe und Einrichtungen der Industrie, des Bauwesens, der Nahrungsgüterwirtschaft, für die VEB Saat- und Pflanzgut, die VEK Getreidewirtschaft, die VEB für tierische Rohstoffe und die industriellen Produktionsbetriebe anderer Eigentumsformen sowie für die Kombinate, Betriebe und Einrichtungen des volkseigenen und genossenschaftlichen Handels (nachstehend Wirtschaftseinheiten genannt). Sie legt die mit der Qualitätsentwicklung und -sicherung im Zusammenhang stehenden Aufgaben der ihnen übergeordneten staatlichen und wirtschaftsleitenden Organe sowie die Durchführung der staatlichen Qualitätskontrolle durch das Amt für Standardisierung, Meßwesen und Warenprüfung und durch das Amt für industrielle Formgestaltung fest.

(2) Soweit in speziellen Rechtsvorschriften[1]) weitergehende Anforderungen an die Entwicklung und Sicherung der Qualität von Erzeugnissen für bewaffnete Organe enthalten sind, finden diese Anwendung. Auskünfte über das Verhalten spezieller Erzeugnisse im Gebrauch sind von Dienststellen bewaffneter Organe nur gemäß den von den Ministern der bewaffneten Organe erlassenen Bestimmungen zu erteilen.

I.

Aufgaben der zentralen Staatsorgane auf dem Gebiet der Qualitätsentwicklung und -sicherung

§ 2

Grundsätzliche Aufgaben

(1) Die zentralen Staatsorgane sichern auf der Grundlage der Beschlüsse der Sozialistischen Einheitspartei Deutschlands, der Gesetze und anderen Rechtsvorschriften die Durchführung der staatlichen Qualitätspolitik zur Gewährleistung einer den gesellschaftlichen

Erfordernissen entsprechenden Erzeugnisqualität, einschließlich der Zuverlässigkeit, Lebensdauer und Formgestaltung. Hierbei richten sie ihre Tätigkeit besonders darauf, daß über die Beschleunigung des wissenschaftlich-technischen Fortschritts der für den volkswirtschaftlichen Leistungsanstieg notwendige Qualitätszuwachs realisiert und zugleich ein größtmöglicher Beitrag zur Senkung des spezifischen Energie- und Materialverbrauchs erbracht wird.

(2) In Wahrnehmung ihrer Verantwortung schaffen die zentralen Staatsorgane die Bedingungen und Voraussetzungen dafür, daß

— die Wirtschaftseinheiten mit hoher Eigenverantwortung über den Plan solche Qualitätsziele verwirklichen, die den steigenden Erfordernissen der Volkswirtschaft, des Exports und der Versorgung der Bevölkerung gerecht werden und internationalen Vergleichen standhalten,

— die zentrale staatliche Leitung und Planung auf die für die Stärkung der Leistungs- und Exportkraft der Volkswirtschaft entscheidenden Prozesse der Qualitätsentwicklung konzentriert werden und die Entwicklung und Sicherung der Qualität der Erzeugnisse mit dem sparsamsten Aufwand an Arbeitszeit, Material und Energie erfolgt.

Amt für Standardisierung, Meßwesen und Warenprüfung
Amt für industrielle Formgestaltung

§ 3

(1) Das Amt für Standardisierung, Meßwesen und Warenprüfung und das Amt für industrielle Formgestaltung lösen die ihnen vom Ministerrat zur Gewährleistung einer hohen Wirksamkeit der staatlichen Qualitätspolitik übertragenen Aufgaben in enger Zusammenarbeit mit den anderen zentralen Staatsorganen und mit den Kombinaten. Sie sind für die Herausarbeitung der volkswirtschaftlichen Schwerpunkte der Qualitätsentwicklung verantwortlich und verwirklichen ihren staatlichen Auftrag insbesondere mit

— der zentralen Vorgabe von Aufgaben und Zielstellungen über den Staatsplan Wissenschaft und Technik zur Erreichung von Spitzenleistungen und eine auf höchsten gesellschaftlichen Effekt ausgerichtete Standardisierung sowie durch die Mitwirkung bei der Ausarbeitung der Plankennziffern zum Umfang der Warenproduktion mit Gütezeichen und zur Senkung der Kosten für Ausschuß, Nacharbeit und Garantieleistungen,

— der Zustimmung zu Pflichtenheften und Leistungsnachweisen für die Neu- und Weiterentwicklung von Erzeugnissen, Verfahren und Technologien gemäß den geltenden Rechtsvorschriften, der Erteilung bzw. Aberkennung von staatlichen Gütezeichen und gestalterischen Prädikaten, der Überwachung der Einheitlichkeit und Richtigkeit der Messungen, der Bestätigung von DDR-Standards, der Bekanntgabe von DDR-Standards und Fachbereich-Standards sowie mit der Herausgabe von spezifischen staatlichen Qualitätsvorschriften in Form von ASMW-Vorschriften,

– der Ausübung einer wirksamen Analysen- und Kontrolltätigkeit,
– der Erteilung von Auflagen gemäß § 26 zur Durchsetzung der staatlichen Qualitätsforderungen.

(2) Das Amt für Standardisierung, Meßwesen und Warenprüfung und das Amt für industrielle Formgestaltung unterstützen die Kombinate und Betriebe bei der Gewährleistung einer den volkswirtschaftlichen Erfordernissen entsprechenden stabilen Qualitätsproduktion durch die Vorgabe von Schwerpunkten zur Qualitätsentwicklung und -sicherung bzw. spezifischen gestalterischen Zielstellungen sowie die Verallgemeinerung und Übertragung bewährter Erfahrungen auf diesem Gebiet.
(3) Rechtsvorschriften und Vereinbarungen, in denen anderen zentralen Staatsorganen bestimmte Aufgaben auf dem Gebiet der Qualitätsentwicklung und -sicherung übertragen wurden, bleiben davon unberührt.

§ 4

Das Amt für Standardisierung, Meßwesen und Warenprüfung unterstützt und kontrolliert die Wirtschaftseinheiten des Handels auf Schwerpunktgebieten bei der Ausarbeitung und Durchsetzung von Maßnahmen der Qualitätssicherung. Für den Bereich des Konsumgüterbinnenhandels bestehen dazu beim Amt für Standardisierung, Meßwesen und Warenprüfung staatliche Handelsinspektionen.

§ 5

Ministerien

(1) Die Minister, in deren Bereichen Erzeugnisse entwickelt oder produziert werden, sichern mit ihrer anleitenden und kontrollierenden Tätigkeit die Herausarbeitung der volkswirtschaftlichen Schwerpunkte der Qualitätsentwicklung in ihrem Verantwortungsbereich als Bestandteil der effektivitäts- und tempobestimmenden Aufgaben zur Intensivierung und Rationalisierung der Produktion auf der Grundlage der Beschleunigung des wissenschaftlich-technischen Fortschritts.
(2) Die Minister dieser Ministerien haben zur Durchsetzung der zentralen staatlichen Aufgaben und Planaufgaben sowie der vom Amt für Standardisierung, Meßwesen und Warenprüfung und vom Amt für industrielle Formgestaltung übergebenen Schwerpunkte den Kombinaten volkswirtschaftliche Ziele für eine erzeugniskonkrete Qualitätsentwicklung vorzugeben, ihre Verwirklichung zu unterstützen und zu kontrollieren.
(3) Die Qualitätsvorgaben dieser Ministerien sind, ausgehend vom wissenschaftlich-technischen Höchststand und seiner absehbaren Entwicklung, vor allem zu richten auf die

– Erhöhung der Gebrauchseigenschaften volkswirtschaftlich wichtiger Erzeugnisse einschließlich ihrer gestalterischen Qualität bei niedrigsten Kosten und auf die Produktion in hohen, vom Bedarf ausgehenden Stückzahlen unter Einsatz effektiver Technologien,

— Senkung des Material- und Energieverbrauchs bei der Herstellung und Anwendung der Erzeugnisse unter besonderer Berücksichtigung der Verbesserung des Masse-Leistungs-Verhältnisses, der größtmöglichen und volkswirtschaftlich vorteilhaften Veredlung der einzusetzenden Rohstoffe sowie der Senkung der Kosten für Ausschuß, Nacharbeit und Garantieleistungen,
— Ausarbeitung, Einführung und Aktualisierung von Standards, die der Durchsetzung wissenschaftlich-technischer Bestlösungen auf dem Gebiet der Qualitätsentwicklung, des Material- und Energieaufwandes und des technologischen einschließlich des meßtechnischen Niveaus der Produktion dienen.

§ 6

Staatlicher Leiter der TKO und staatlicher Kontrollbeauftragter

(1) In den Kombinaten, die den Ministerien direkt unterstellt sind, ist der Leiter der TKO des Kombinates als staatlicher Leiter der TKO einzusetzen. Er ist Mitarbeiter des Amtes für Standardisierung, Meßwesen und Warenprüfung. Seine Berufung bzw. Abberufung erfolgt durch den Präsidenten des Amtes für Standardisierung, Meßwesen und Warenprüfung.
(2) Der staatliche Leiter der TKO kontrolliert die Durchsetzung der staatlichen Qualitätspolitik in allen Phasen des Reproduktionsprozesses. Er ist hierbei an Weisungen des Präsidenten des Amtes für Standardisierung, Meßwesen und Warenprüfung gebunden. Mit der Ausübung der Kontrolltätigkeit zur Gewährleistung einer qualitätsgerechten Produktion sowie den daraus abgeleiteten Schlußfolgerungen unterstützt der staatliche Leiter der TKO den Generaldirektor des Kombinates bei der Wahrnehmung seiner Verantwortung für die Qualitätsentwicklung und -sicherung.
(3) Als Leiter des Kollektivs der TKO erhält der staatliche Leiter der TKO vom Generaldirektor Aufträge zur Durchführung der in den §§ 10 und 11 festgelegten Aufgaben, über deren Realisierung er dem Generaldirektor rechenschaftspflichtig ist. Das gilt insbesondere für

— die Durchsetzung einer langfristigen, den volkswirtschaftlichen Erfordernissen entsprechenden Qualitätspolitik im Kombinat,
— die Sicherung einer wirkungsvollen und rationellen Qualitätskontrolle vom Wareneingang bis zum Absatz der Erzeugnisse.

(4) Dem staatlichen Leiter der TKO sind die Leiter der TKO der Kombinatsbetriebe des Kombinates fachlich und disziplinarisch unterstellt. Er ist ihnen gegenüber weisungsbefugt. Sofern dies im Einzelfall nicht zweckmäßig ist, kann der Präsident des Amtes für Standardisierung, Meßwesen und Warenprüfung in Abstimmung mit dem Generaldirektor über eine andere Art der Unterstellung entscheiden.
(5) Der Präsident des Amtes für Standardisierung, Meßwesen und Warenprüfung ist be-

rechtigt, den staatlichen Leitern der TKO das Recht zur Erteilung von Gütezeichen zu übertragen.

(6) Der Präsident des Amtes für Standardisierung, Meßwesen und Warenprüfung entscheidet in Abstimmung mit den Leitern der zuständigen übergeordneten Organe darüber, in welchen anderen im Abs. 1 nicht genannten Wirtschaftseinheiten staatliche Leiter der TKO eingesetzt werden. Für deren Stellung, Berufung und Abberufung sowie für deren Aufgaben finden die Bestimmungen der Absätze 1 bis 4 entsprechende Anwendung.

(7) Das Amt für Standardisierung, Meßwesen und Warenprüfung ist berechtigt, zur Kontrolle volkswirtschaftlich wichtiger Erzeugnisse und von Montageleistungen für Investitionsvorhaben sowie zur Leitung von Außenstellen des Amtes für Standardisierung, Meßwesen und Warenprüfung staatliche Kontrollbeauftragte einzusetzen. Es ist befugt, nach Abstimmung mit den Leitern der Wirtschaftseinheiten Mitarbeiter dieser Wirtschaftseinheiten als staatliche Kontrollbeauftragte zu übernehmen. Die staatlichen Kontrollbeauftragten sind Mitarbeiter des Amtes für Standardisierung, Meßwesen und Warenprüfung.

(8) Die Festlegungen der Absätze 1 bis 7 gelten nicht für die Bauindustrie.

II.

Aufgaben der Wirtschafseinheiten bei der Vorbereitung und Durchführung der Produktion und beim Absatz der Erzeugnisse

§ 7

Aufgaben der Wirtschaftseinheiten

(1) Die Leiter der Wirtschaftseinheiten sind für die Entwicklung und Sicherung einer den volkswirtschaftlichen Erfordernissen und des Exports entsprechenden hohen Qualität der Erzeugnisse bei niedrigstem gesellschaftlichem Aufwand und hoher Versorgungswirksamkeit persönlich verantwortlich. Sie sind verpflichtet, mit einer qualifizierten Leitungstätigkeit die staatliche Qualitätspolitik und die daraus resultierenden Anforderungen in ihrem Verantwortungsbereich zu verwirklichen. Dazu haben sie komplexe, aufeinander abgestimmte Maßnahmen zur Qualitätssicherung und Standardisierung[2]) zu erarbeiten, durchzusetzen und insbesondere

- die volkswirtschaftlichen Zielstellungen für die Entwicklung und Sicherung der Qualität vorzugeben sowie ihre effektive Realisierung auf der Grundlage neuester wissenschaftlich-technischer Erkenntnisse über den Plan zu gewährleisten,
- dafür zu sorgen, daß, ausgehend vom wissenschaftlich-technischen Höchststand, die notwendigen Qualitätskennwerte in staatlichen Standards festgelegt und diese planmäßig erarbeitet, überprüft und mit den sich entwickelnden Erfordernissen der Volkswirtschaft in Übereinstimmung gehalten werden,

– die Voraussetzungen und Bedingungen zu schaffen, daß die in staatlichen Standards und anderen Qualitätsvorschriften enthaltenen Kennwerte exakt eingehalten, den vertraglichen Beziehungen zugrunde gelegt werden und eine mustergetreue Produktion in gleichbleibender Qualität gesichert wird.

(2) Entspricht die Qualität eines Erzeugnisses nicht den staatlichen Qualitätsvorschriften oder wird es nicht mustergetreu gefertigt, ist zu sichern, daß die Produktion des Erzeugnisses bis zur Beseitigung der Mängel unterbrochen und die Auslieferung der nicht qualitätsgerecht hergestellten Erzeugnisse unverzüglich gesperrt wird, soweit nicht die Voraussetzungen nach § 20 vorliegen.

(3) Eine Unterbrechung der Produktion gemäß Abs. 2 ist bei kontinuierlicher oder chargenweiser Produktion erst dann notwendig, wenn der Umfang oder der Zeitraum der nicht qualitätsgerechten Produktion die

– bei anmeldepflichtigen und prüfpflichtigen Erzeugnissen vom Amt für Standardisierung, Meßwesen und Warenprüfung
– bei anderen Erzeugnissen vom übergeordneten Organ

festgelegten Grenzen überschreitet.

§ 8

Verantwortung der Generaldirektoren der den Ministern direkt unterstellten Kombinate

(1) Die Generaldirektoren haben in Übereinstimmung mit den Zielen zur Intensivierung der Wirtschaftstätigkeit, zur Rationalisierung der Produktion und zum Absatz der Erzeugnisse die notwendigen Voraussetzungen für eine langfristige Qualitätspolitik im Kombinat zu schaffen, die auf einen größtmöglichen Beitrag zum volkswirtschaftlichen Leistungswachstum gerichtet ist. Sie gewährleisten bei ihrer Verwirklichung, daß die Aufgaben zur

– Entwicklung und Sicherung der Qualität der Erzeugnisse sowie eines hohen qualitativen Niveaus der Produktion,
– Standardisierung der Qualitätsanforderungen im nationalen und internationalen Maßstab

als fester Bestandteil der wissenschaftlich-technischen Arbeit einheitlich geplant und geleitet werden.

(2) Die Generaldirektoren legen die Ziele für die Entwicklung der Qualität der Erzeugnisse und des qualitativen Niveaus der Produktion in Verwirklichung und Überbietung der staatlichen Aufgaben und Planauflagen sowie auf der Grundlage der vom Amt für Standardisierung, Meßwesen und Warenprüfung vorgegebenen Schwerpunkte der Qualitätsentwicklung und der vom Amt für industrielle Formgestaltung übergebenen spezifischen gestalterischen Zielstellungen eigenverantwortlich fest. Sie gewährleisten dabei in Zu-

sammenarbeit mit dem Handel und den Verbrauchern, daß die in die Pläne aufzunehmenden

- Qualitätsziele vom fortgeschrittenen internationalen Stand abgeleitet werden, der für den Zeitpunkt ihrer Produktionswirksamkeit absehbar ist,
- Qualitätsziele für volkswirtschaftlich wichtige Erzeugnisse, Verfahren und Technologien die Erzielung von Spitzenleistungen zum Inhalt haben,
- Standardisierungsaufgaben der Durchsetzung von Bestlösungen vor allem im Hinblick auf Qualitätsentwicklung, Energie- und Materialeinsatz, Masse-Leistungs-Verhältnis, Austauschbarkeit und Paßfähigkeit dienen.

Mit der Vorgabe der Qualitätsziele und Standardisierungsaufgaben ist wirksam auf eine größtmögliche und volkswirtschaftlich vorteilhafte Veredlung der einzusetzenden Roh- und Werkstoffe Einfluß zu nehmen.

(3) Die Generaldirektoren treffen in Wahrnehmung ihrer Verantwortung die erforderlichen Festlegungen für eine qualifizierte Leitungstätigkeit auf dem Gebiet der Qualitätsentwicklung und -sicherung im Kombinat. Diese sind vor allem darauf zu richten,

- eine wirkungsvolle Arbeit mit den Pflichtenheften zu gewährleisten, die Realisierung der Planaufgaben straff zu kontrollieren und die Erreichung einer anspruchsvollen Qualität bei niedrigsten Kosten wirksam zu stimulieren,
- die für eine qualitätsgerechte Produktion notwendige wissenschaftliche Arbeitsorganisation und kontinuierliche Fertigung zu sichern, die erforderlichen stabilen und langfristigen Beziehungen mit der Zulieferindustrie und den Verbrauchern aufzubauen und zu festigen sowie eine wirksame und rationelle Qualitätskontrolle mit effektiven Kontrolltechnologien und der entsprechenden Meß- und Prüftechnik im Kombinat durchzusetzen,
- alle Werktätigen durch eindeutige Bestimmungen der Arbeitspflichten, eine exakte Aufgabenabgrenzung und die Anwendung entsprechender Stimulierungsmethoden auf Qualitätsarbeit zu orientieren,
- das Verhalten der Erzeugnisse im Gebrauch und alle Reklamationen ständig auszuwerten, daraus Schlußfolgerungen für die Qualitätserhöhung und die Senkung der Kosten für Ausschuß, Nacharbeit und Garantieleistungen abzuleiten sowie den notwendigen Kundendienst einschließlich der Ersatzteilversorgung zu gewährleisten.

(4) Für die VVB und die Räte der Bezirke gelten die Regelungen der Absätze 1 bis 3 sinngemäß.

§ 9

Verantwortung der Leiter der anderen Wirtschaftseinheiten

(1) Die Leiter haben auf der Grundlage der volkswirtschaftlichen Vorgaben der übergeordneten Organe, der vom Amt für Standardisierung, Meßwesen und Warenprüfung vorgegebenen Schwerpunkte zur Qualitätsentwicklung und -sicherung und der vom Amt für industrielle Formgestaltung vorgegebenen spezifischen gestalterischen Zielstellungen die

Voraussetzungen für eine langfristig angelegte betriebliche Qualitätsarbeit zu schaffen und ein hohes Qualitätsniveau der Erzeugnisse sowie eine stabile Qualitätsproduktion über den Plan durchzusetzen.

(2) Die Leiter gewährleisten eine qualifizierte Arbeit mit den Pflichtenheften. Sie stützen sich bei der Vorgabe und Abrechnung von Qualitäts- und Standardisierungszielen für die wissenschaftlich-technische und gestalterische Arbeit auf die ständige Analyse des wissenschaftlich-technischen Höchststandes und der Ergebnisse der Markt- und Bedarfsforschung sowie auf die Einschätzung der internationalen Entwicklungstrends.

(3) Die Leiter gewährleisten in Wahrnehmung ihrer Aufgaben

- eine wirksame politisch-ideologische Arbeit zur Entwicklung des Verantwortungsbewußtseins jedes Werktätigen für eine hohe Qualität und Effektivität der Produktion sowie zur Einhaltung der Qualitätsvorschriften im gesamten betrieblichen Reproduktionsprozeß,
- die notwendige Leistungsfähigkeit der produktionsvorbereitenden Bereiche und des betrieblichen Meßwesens zur Sicherung eines hohen qualitativen Niveaus der technologischen Prozesse auf der Grundlage der schnellen und effektiven Nutzung neuer wissenschaftlich-technischer Ergebnisse unter besonderer Berücksichtigung von ökonomisch vorteilhaften Erfindungen und von Neuerervorschlägen,
- die erforderlichen Transport-, Umschlags- und Lagerbedingungen, eine erzeugnisgerechte Verpackung, den entsprechenden Kundendienst einschließlich der notwendigen Informationen für den Verbraucher und die Sicherung der Ersatzteilversorgung zur Erhaltung der Erzeugnisqualität,
- eine enge Zusammenarbeit mit den Kooperationspartnern und den Handelsorganen zur ständigen Auswertung des Gebrauchsverhaltens der Erzeugnisse, zur Ableitung und Durchführung von Maßnahmen für die Sicherung und Weiterentwicklung der Qualität und Zuverlässigkeit der Erzeugnisse sowie zur Beseitigung von Fehlerursachen.

(4) Die Leiter haben zu sichern, daß im Rahmen der insgesamt zur Verfügung stehenden finanziellen Mittel entsprechend den geltenden Rechtsvorschriften durch Anwendung wirksamer Formen der moralischen und materiellen Interessiertheit die Arbeitskollektive und die einzelnen Werktätigen auf eine hohe Qualitätsarbeit orientiert werden und die Verallgemeinerung guter Beispiele gefördert wird. Die Leiter haben insbesondere die Lohnformen und leistungsabhängigen Gehaltszuschläge in Abhängigkeit von der Qualität der Arbeitsergebnisse zu gestalten sowie besondere Leistungen zur Entwicklung und Sicherung der Qualität anzuerkennen und zu prämieren.

Technische Kontrollorganisation (TKO)

§ 10

(1) Zur ständigen Einflußnahme auf die Sicherung und Entwicklung der Qualität der Erzeugnisse sowie zur Kontrolle der damit im Zusammenhang stehenden betrieblichen Maßnahmen und der Erfüllung der betrieblichen Qualitätsaufgaben muß in den Wirtschafts-

einheiten eine Technische Kontrollorganisation (TKO) als selbständiger Bereich bestehen.

(2) Die TKO ist Kontrollorgan des Leiters der Wirtschaftseinheit. Die Leiter haben zu sichern, daß zur Lösung aller sich aus dieser Verordnung für die TKO ergebenden Aufgaben die notwendigen personellen, materiellen und finanziellen Voraussetzungen geschaffen werden.

(3) Der Leiter der TKO ist vom Leiter der Wirtschaftseinheit einzusetzen, sofern er nicht gemäß § 6 als staatlicher Leiter der TKO vom Präsidenten des Amtes für Standardisierung, Meßwesen und Warenprüfung berufen wird. Die Begründung, Änderung und Auflösung von Arbeitsverträgen bedarf der Zustimmung des Amtes für Standardisierung, Meßwesen und Warenprüfung. Die Leiter der TKO sind den Fachdirektoren gleichgestellt.

§ 11

(1) Die TKO hat ständig die Wirksamkeit der betrieblichen Maßnahmen zur Qualitätssicherung und Standardisierung zu überprüfen, Vorschläge zu ihrer Weiterentwicklung zu unterbreiten und insbesondere folgende Aufgaben zu lösen:

- Ausarbeitung von Vorschlägen für die Neu- und Weiterentwicklung von Erzeugnissen und Verfahren, Mitarbeit an der Festlegung der volkswirtschaftlichen Zielstellungen im Pflichtenheft und Mitwirkung bei der Verteidigung wissenschaftlich-technischer Ergebnisse,
- Kontrolle der Einhaltung der technologischen Disziplin und der Realisierung der geplanten Qualitätszielstellungen — insbesondere die Einhaltung der staatlichen Standards — im Produktionsprozeß und bei der Auslieferung.
- Auswertung der Ergebnisse von Qualitätsprüfungen und -kontrollen sowie der Reklamationsstatistik, Analyse der Fehlerursachen und Ausarbeitung von Informationen über das Qualitätsgeschehen und von Vorschlägen für Maßnahmen für die zuständigen Leiter,
- Analyse der Kosten für Ausschuß, Nacharbeit und Garantieleistungen, Ausarbeitung von Maßnahmen zur Abstellung der Fehlerursachen und Kontrolle ihrer Durchsetzung. Die TKO arbeitet dabei eng mit dem Hauptbuchhalter zusammen,
- Mitwirkung bei der Ausarbeitung und Anwendung moralischer und materieller Stimuli, insbesondere bei der Gestaltung qualitätsabhängiger Lohn- und Gehaltsformen.
- Mitwirkung bei der Gestaltung von Wirtschaftsverträgen, insbesondere für Exporterzeugnisse,
- Auswertung des Gebrauchsverhaltens der Erzeugnisse und Ausarbeitung entsprechender Maßnahmen,
- Erarbeitung von Forderungen zur Ausarbeitung, Einhaltung und Überprüfung von Standards, die für die planmäßige Entwicklung und Sicherung der Qualität der Erzeugnisse erforderlich sind,

— Anforderung und Auswertung von Analysen des Standes der metrologischen Sicherung von der Forschung und Entwicklung über die Produktion bis zum Absatz und Unterstützung des Meßwesens bei der Durchführung seiner Aufgaben.

(2) Der Leiter der TKO entscheidet über die Qualitätsbeurteilung der Erzeugnisse. Bei Verstößen gegen die staatlichen Qualitätsvorschriften und gegen eine mustergetreue und vertragsgerechte Fertigung sind die Leiter der TKO berechtigt und verpflichtet,

— vom zuständigen Leiter die Unterbrechung der Produktion zu fordern bzw.
— eine Auslieferungssperre für diese Erzeugnisse zu verhängen.

(3) Die Leiter der Wirtschaftseinheiten entscheiden entsprechend den jeweiligen Bedingungen über die zweckmäßigste Organisationsform der TKO. Ausgehend von den neuesten wissenschaftlich-technischen Erkenntnissen haben sie dabei zu gewährleisten, daß die Wareneingangskontrolle, die Zuverlässigkeits- und Meßmittellabors und die Endkontrolle so aufgebaut werden, daß mit hochproduktiven Prüf- und Kontrollmethoden eine qualitätsgerechte Produktion entsprechend den in Standards und anderen Dokumenten festgelegten Bedingungen erreicht wird und der Aufwand für die Prüfung und Kontrolle gesenkt wird.

(4) Soweit dem Leiter der TKO die im Abs. 3 genannten Struktureinheiten nicht direkt unterstellt sind, hat er das Recht, ihre Arbeitsergebnisse jederzeit einzusehen und den Leitern dieser Struktureinheiten Aufträge zur Durchführung von Aufgaben auf dem Gebiet der Entwicklung und Sicherung der Qualität zu erteilen. Über die Auftragserteilung hat der Leiter der TKO den zuständigen übergeordneten Leiter der Struktureinheit zu informieren.

(5) Die Leiter der Wirtschaftseinheiten sichern eine ständige Erhöhung der Qualifikation der Mitarbeiter der TKO.

(6) Die Leiter der TKO sind verpflichtet, dem Amt für Standardisierung, Meßwesen und Warenprüfung und dem Leiter der Wirtschaftseinheit Verstöße gegen diese Verordnung unverzüglich zu melden. Sie dürfen in Ausübung ihrer Pflicht nicht behindert werden und sind zur alleinigen Zeichnung diesbezüglicher schriftlicher Mitteilungen berechtigt.

III.

Aufgaben der Wirtschaftseinheiten des Handels

§ 12

(1) Die Leiter der Wirtschaftseinheiten des Konsumgüterbinnenhandels, des Produktionsmittelhandels und des Außenhandels sind persönlich dafür verantwortlich, daß durch Maßnahmen zur Qualitätssicherung der Handel seinen Aufgaben in bezug auf die Qualität der Erzeugnisse voll gerecht wird. Dies betrifft insbesondere die Einflußnahme auf die

Entwicklung und die Produktion bedarfsgerechter Erzeugnisse, die Erhaltung der Qualität beim Warenumschlag sowie die Beratung und Betreuung der Kunden.
(2) Die Leiter der Wirtschaftseinheiten gemäß Abs. 1 haben die Entwicklung und Produktion der Erzeugnisse zu beeinflussen, insbesondere durch

- die Mitwirkung bei der Entwicklung und Sicherung der Qualität und des Sortiments von versorgungspolitisch und handelsökonomisch wichtigen Erzeugnissen durch Ausarbeitung von Forderungen zur Qualität der Erzeugnisse, vorwiegend bei der Erarbeitung der Pflichtenhefte, Sortimentskonzeptionen und Entwürfe zu staatlichen Standards,
- exakte vertragliche Vereinbarungen in Hinsicht auf die Qualität und das Sortiment der Erzeugnisse, Anteil der Neu- und Weiterentwicklungen, Sicherung der notwendigen Zubehör- und Ersatzteile, Verpackung, Lagerung und Transport,
- die Ausarbeitung von Forderungen an den Hersteller zur Gewährleistung einer entsprechenden anwendungstechnischen Beratung der Kunden.

(3) Durch die verantwortlichen Leiter des Konsumgüterbinnenhandels und des Produktionsmittelhandels ist zur Erhaltung der Qualität der Erzeugnisse im Warenumschlag und zur Vermeidung von Handelsverlusten die

- Durchsetzung von Methoden der qualitätserhaltenden Arbeit im gesamten Warenumschlag,
- Gewährleistung der erforderlichen Wareneingangs-, Zwischen- und Warenausgangskontrollen,
- Anwendung rationeller, vereinheitlichter Technologien des Warenumschlages, optimaler Verfahren der Warenpflege, der erforderlichen Meß- und Prüftechnik sowie die Einhaltung von Ordnung und Sicherheit

zu gewährleisten.
(4) Zur ständigen Einflußnahme auf die Entwicklung, Sicherung und Erhaltung der Qualität muß in den Wirtschaftseinheiten des Konsumgüterbinnenhandels und des Produktionsmittelhandels eine TKO bestehen oder ein Beauftragter für Qualitätssicherung eingesetzt sein. Die Leiter der jeweils übergeordneten zentralen Staatsorgane entscheiden in Abstimmung mit dem Amt für Standardisierung, Meßwesen und Warenprüfung über die zweckmäßigste Organisationsform dieser Qualitätskontrollorgane und können Ausnahmen zu den Regelungen dieses Absatzes zulassen.
(5) Die Leiter der TKO und die Beauftragten für Qualitätssicherung werden auf der Grundlage der arbeitsrechtlichen Vorschriften von den Leitern der Wirtschaftseinheiten eingesetzt.
(6) Einzelheiten zu den Absätzen 1 bis 4 sind durch die übergeordneten zentralen Staatsorgane in Rechtsvorschriften oder anderen normativen Regelungen festzulegen.
(7) Die Verantwortung der Leiter der Wirtschaftseinheiten gemäß den §§ 7 bis 9 für die Entwicklung, Sicherung und Erhaltung der Qualität wird damit nicht eingeschränkt.

IV.

Durchführung der staatlichen Qualitätskontrolle

§ 13

Anmeldepflichtige und prüfpflichtige Erzeugnisse

(1) Die Erzeugnisse, die der staatlichen Qualitätskontrolle durch das Amt für Standardisierung, Meßwesen und Warenprüfung unterliegen, werden als anmeldepflichtige und prüfpflichtige Erzeugnisse im Einvernehmen mit dem Ministerium für Wissenschaft und Technik, der Staatlichen Plankommission und dem Ministerium für Außenhandel und in Zusammenarbeit mit den zuständigen Industrieministerien durch Anordnung[3]) des Präsidenten des Amtes für Standardisierung, Meßwesen und Warenprüfung bestimmt. Darüber hinaus kann durch den Präsidenten des Amtes für Standardisierung, Meßwesen und Warenprüfung in Ausnahmefällen die Aufnahme oder Ausgliederung von Erzeugnissen in Abstimmung mit den genannten zentralen Staatsorganen verfügt werden. Die Aufnahme spezieller Erzeugnisse erfolgt im Einvernehmen mit den Ministerien der bewaffneten Organe.

(2) Anmeldepflichtige Erzeugnisse sind vom Hersteller beim Amt für Standardisierung, Meßwesen und Warenprüfung unverzüglich anzumelden und auf Anforderung des Amtes für Standardisierung, Meßwesen und Warenprüfung zur Prüfung bereitzustellen.

(3) Prüfpflichtige Erzeugnisse sind vom Hersteller beim Amt für Standardisierung, Meßwesen und Warenprüfung unverzüglich anzumelden und zur Prüfung bereitzustellen.

§ 14

Gestalterisch prüfpflichtige Erzeugnisse

(1) Erzeugnisse bzw. deren Verpackungsgestaltung, die der staatlichen Qualitätskontrolle durch das Amt für industrielle Formgestaltung unterliegen, werden als gestalterisch prüfpflichtige Erzeugnisse in Abstimmung mit dem Ministerium für Wissenschaft und Technik, der Staatlichen Plankommission und dem Ministerium für Außenhandel und in Zusammenarbeit mit den zuständigen Industrieministerien durch Anordnung[4]) des Leiters des Amtes für industrielle Formgestaltung bestimmt.

(2) Gestalterisch prüfpflichtige neu- und weiterentwickelte Erzeugnisse sind vom Hersteller beim Amt für industrielle Formgestaltung bzw. der für die gestalterische Prüfung zuständigen Stelle anzumelden und zur Prüfung bereitzustellen.

§ 15

Staatliche Gütezeichen

(1) Prüfpflichtige Erzeugnisse erhalten durch Prüfzeugnis des Amtes für Standardisierung, Meßwesen und Warenprüfung ein staatliches Gütezeichen, wenn sie den staatlichen Qualitätsvorschriften entsprechen und mustergetreu gefertigt werden.

(2) Staatliche Gütezeichen[5]) sind

— bei klassifizierungspflichtigen Erzeugnissen
  das Gütezeichen „Q" für Erzeugnisse, die, ausgehend von den Bedürfnissen der Volkswirtschaft und der Bevölkerung, in ihren Qualitäts- und Zuverlässigkeitskennwerten den staatlichen Standards und anderen technischen Vorschriften entsprechen bzw. diese überbieten, mit hoher Effektivität hergestellt werden und in ihren Gebrauchseigenschaften und unter Berücksichtigung der Kosten Spitzenerzeugnisse auf dem Weltmarkt darstellen,
  das Gütezeichen „1" für Erzeugnisse, die, ausgehend von den Bedürfnissen der Volkswirtschaft und der Bevölkerung, in ihren Qualitäts- und Zuverlässigkeitskennwerten den staatlichen Standards und anderen technischen Vorschriften entsprechen, mit hoher Effektivität hergestellt werden und die in ihren Gebrauchseigenschaften unter Berücksichtigung der Kosten dem Durchschnitt der auf dem Weltmarkt vorhandenen Erzeugnisse entsprechen.
— bei nichtklassifizierungspflichtigen Erzeugnissen
  das Attestierungszeichen für Erzeugnisse, die den in staatlichen Standards und anderen technischen Vorschriften enthaltenen Qualitätsfestlegungen entsprechen. In Sonderfällen können derartige Erzeugnisse ebenfalls das Gütezeichen „Q" erhalten. Die entsprechenden Bedingungen legt der Präsident des Amtes für Standardisierung, Meßwesen und Warenprüfung fest.

(3) Die erteilten Prüfzeugnisse sind einschließlich der zurückerhaltenen Prüfunterlagen, Prüfmuster und Proben vom Hersteller entsprechend den Archivierungsbestimmungen und den vom Amt für Standardisierung, Meßwesen und Warenprüfung vorgegebenen Fristen aufzubewahren.

§ 16

Staatliche gestalterische Prädikate

(1) Gestalterisch prüfpflichtigen Erzeugnissen wird durch das Amt für industrielle Formgestaltung bzw. durch beauftragte andere Organe oder Einrichtungen ein gestalterisches Prädikat zuerkannt, wenn die der zentralen staatlichen Qualitätspolitik entsprechenden Anforderungen und Kriterien für die jeweilige gestalterische Qualitätsstufe erreicht wurden und die Erzeugnisse mustergetreu gefertigt werden.
(2) Staatliche gestalterische Prädikate sind

— das Prädikat „Gestalterische Spitzenleistung (SL)" für Erzeugnisse, die ausgehend von den Bedürfnissen der Volkswirtschaft und der Bevölkerung in den wesentlichen funktionellen Gebrauchseigenschaften sowie in den kulturell-ästhetischen Merkmalen den fortgeschrittenen internationalen Stand der Formgestaltung bestimmen oder mitbestimmen und mit hoher Effektivität hergestellt werden,

— das Prädikat „Gute gestalterische Leistung (GL)" für Erzeugnisse, die ausgehend von den Bedürfnissen der Volkswirtschaft und der Bevölkerung in den wesentlichen funktionellen Gebrauchseigenschaften sowie in den kulturell-ästhetischen Merkmalen den durchschittlichen internationalen Stand der Formgestaltung erreichen und mit hoher Effektivität hergestellt werden.

Darüber hinaus wird die Auszeichnung „Gutes Design" vergeben.

(3) Einzelheiten zum Verfahren bei der Erteilung bzw. beim Entzug von staatlichen gestalterischen Prädikaten und bei der Verleihung der Auszeichnung „Gutes Design" werden durch den Leiter des Amtes für industrielle Formgestaltung durch Anordnung festgelegt[4]).

§ 17

Bereitstellung von Unterlagen, Informationen, Prüfmustern und Proben

(1) Die Wirtschaftseinheiten haben dem Amt für Standardisierung, Meßwesen und Warenprüfung und dem Amt für industrielle Formgestaltung die zur Wahrnehmung ihrer Aufgaben notwendigen Unterlagen und Informationen rechtzeitig bereitzustellen. Proben und Prüfmuster sind dem Amt für Standardisierung, Meßwesen und Warenprüfung und dem Amt für industrielle Formgestaltung durch den Hersteller — bei Importerzeugnissen durch den Importbetrieb — unverzüglich am Ort der Prüfung unentgeltlich zur Verfügung zu stellen. Die vorgelegten Proben und Prüfmuster müssen für die Erzeugnisse, deren Qualität sie nachweisen sollen, repräsentativ sein.

(2) Das Amt für Standardisierung, Meßwesen und Warenprüfung und das Amt für industrielle Formgestaltung sind berechtigt, bei den weiterverarbeitenden bzw. verbrauchenden Kooperationspartnern und im Handel Proben und Prüfmuster auf Kosten des Herstellers bzw. des Importbetriebes zu entnehmen.

(3) Die Entnahme der Proben und Prüfmuster für die Lieferung an bewaffnete Organe bedarf deren Zustimmung.

(4) Ersatzansprüche für Prüfmuster und Proben, die beim Amt für Standardisierung, Meßwesen und Warenprüfung oder beim Amt für industrielle Formgestaltung verbleiben, sowie für Schäden bei ihrem An- und Abtransport, können gegen das Amt für Standardisierung, Meßwesen und Warenprüfung bzw. das Amt für industrielle Formgestaltung nicht geltend gemacht werden.

§ 18

Kennzeichnung mit dem Gütezeichen und dem gestalterischen Prädikat

(1) Die Hersteller sind verpflichtet, die mustergetreu und den staatlichen Qualitätsvorschriften entsprechend hergestellten Erzeugnisse für die Dauer der Gültigkeit der ihnen erteilten Gütezeichen bzw. gestalterischen Prädikate mit diesen Zeichen zu kennzeichnen. Der Präsident des Amtes für Standardisierung, Meßwesen und Warenprüfung

bzw. der Leiter des Amtes für industrielle Formgestaltung können Ausnahmen von der Kennzeichnungspflicht zulassen. Die Genehmigung der Ausnahme ist beim Export nicht erforderlich, wenn die Bedingungen des jeweiligen Absatzmarktes den Wegfall der Kennzeichnung notwendig machen.
(2) Die Kennzeichnung muß an gut sichtbarer Stelle am Erzeugnis erfolgen. Ist dies auf Grund der Eigenart des Erzeugnisses nicht möglich, muß die Kennzeichnung in anderer geeigneter Weise, wie auf der Verpackung oder auf dem Anhänger, erfolgen. Das Gütezeichen bzw. das gestalterische Prädikat ist auf der Rechnung und dem Lieferschein anzugeben.
(3) Bei Wahlsortierungen darf das Gütezeichen bzw. das gestalterische Prädikat nur auf Erzeugnissen der 1. Wahl angebracht werden.
(4) Erzeugnisse, die nicht den staatlichen Qualitätsvorschriften entsprechen oder nicht mustergetreu gefertigt wurden, dürfen nicht mit dem Gütezeichen bzw. mit dem gestalterischen Prädikat gekennzeichnet werden.

§ 19

Schutz der Gütezeichen

Zeichen oder Symbole, die von Wirtschaftseinheiten als Warenzeichen, Fabrikmarke oder in anderer Weise zu Werbezwecken der zur Kennzeichnung der Art oder Qualität von Erzeugnissen oder Leistungen verwendet werden sollen, dürfen nicht so gestaltet werden, daß sie mit den Gütezeichen oder Approbationszeichen verwechselt werden können. In Zweifelsfällen ist die Zustimmung des Amtes für Standardisierung, Meßwesen und Warenprüfung zur Gestaltung solcher Zeichen oder Symbole einzuholen.

§ 20

Genehmigungen des Amtes für Standardisierung, Meßwesen und Warenprüfung und des Amtes für industrielle Formgestaltung

(1) Bei Vorliegen dringender volkswirtschaftlicher Belange können vom Amt für Standardisierung, Meßwesen und Warenprüfung auf Antrag der Wirtschaftseinheiten für Erzeugnisse, die nicht den staatlichen Qualitätsvorschriften entsprechen oder nicht mustergetreu hergestellt wurden, Genehmigungen zur

- Fortführung der Produktion,
- Lieferung bereits produzierter Erzeugnisse

erteilt werden.
(2) Für Erzeugnisse, bei denen die Einhaltung der staatlichen Qualitätsvorschriften noch nicht nachgewiesen werden kann, ist das Amt für Standardisierung, Meßwesen und Waren-

prüfung berechtigt, auf Antrag der Wirtschaftseinheiten eine Genehmigung zur Lieferung im Erprobungszustand zu erteilen. Dies betrifft insbesondere

- Erzeugnisse der Pilotproduktion,
- Erzeugnisse, deren Erprobung noch nicht abgeschlossen ist,
- Erzeugnisse, die zur Erprobung des technologischen Niveaus hergestellt wurden.

(3) Die Genehmigungen gemäß den Absätzen 1 und 2 schließen die Genehmigung zur Abweichung von staatlichen Standards ein.

(4) Das Amt für industrielle Formgestaltung kann auf Antrag der Wirtschaftseinheiten bei Vorliegen dringender volkswirtschaftlicher Erfordernisse für gestalterisch prüfpflichtige Erzeugnisse, für die kein Prädikat erteilt wurde oder die nicht mustergetreu hergestellt werden, Genehmigungen zur

- Fortführung der Produktion,
- Aufnahme der Produktion

erteilen.

(5) Die Genehmigungen sind mit zeitlich, mengenmäßig, wertmäßig oder auftragsbezogenen Begrenzungen zu erteilen und können mit entsprechenden Auflagen verbunden werden.

(6) Genehmigungen gemäß den Absätzen 1 und 4 sind nicht erforderlich, wenn

- die Abweichung bei Exporterzeugnissen auf Grund der Forderungen des ausländischen Kunden erfolgt,
- die Abweichungen innerhalb vom Amt für Standardisierung, Meßwesen und Warenprüfung oder vom Amt für industrielle Formgestaltung vorgegebener mengenmäßiger oder zeitlicher Toleranzen liegen.

(7) Die in speziellen Rechtsvorschriften festgelegten Rechte anderer Organe zur Genehmigung der Abweichung von staatlichen Qualitätsvorschriften bleiben hiervon unberührt.

§ 21

Approbations- oder Zulassungspflicht

(1) Der Import von Erzeugnissen, für deren Konstruktion oder Verwendung in der Deutschen Demokratischen Republik bestimmte technische Vorschriften – insbesondere Sicherheitsvorschriften – bestehen, kann von einer Approbation durch das Amt für Standardisierung, Meßwesen und Warenprüfung abhängig gemacht werden. Die approbationspflichtigen Erzeugnisse sowie das Approbationsverfahren werden in Abstimmung mit den zuständigen zentralen Staatsorganen durch Anordnung des Präsidenten des Amtes für Standardisierung, Meßwesen und Warenprüfung bestimmt.

(2) Im Einvernehmen mit den zuständigen zentralen Staatsorganen kann das Amt für Standardisierung, Meßwesen und Warenprüfung anordnen, daß bestimmte Erzeugnisse für ihre Verwendung und Betriebe für die Herstellung bestimmter Erzeugnisse einer Zulassung durch das Amt für Standardisierung, Meßwesen und Warenprüfung bedürfen. Die

Zulassungsbedingungen und das Zulassungsverfahren werden durch das Amt für Standardisierung, Meßwesen und Warenprüfung festgelegt.
(3) Wirtschaftseinheiten dürfen approbationspflichtige Erzeugnisse nur nach erfolgter Approbation durch das Amt für Standardisierung, Meßwesen und Warenprüfung importieren und zulassungspflichtige Erzeugnisse nur dann verwenden, wenn für sie eine gültige Zulassung durch das Amt für Standardisierung, Meßwesen und Warenprüfung vorliegt.
(4) Die für den Import von Meßmitteln und für die Zulassung von Meßmittelbauarten geltenden Rechtsvorschriften werden hiervon nicht berührt.

§ 22

Sonstige staatliche Qualitätskontrollen durch das Amt für Standardisierung, Meßwesen und Warenprüfung

(1) Das Amt für Standardisierung, Meßwesen und Warenprüfung kann in Abstimmung mit den zuständigen zentralen Staatsorganen Qualitätskontrollen bei

- volkswirtschaftlich wichtigen Importerzeugnissen, die nicht den Bedingungen des § 21 unterliegen,
- Zulieferungen und Montageleistungen für Investitionsvorhaben,
- Dienst- und ähnlichen Leistungen

durchführen.
(2) Dem Amt für Standardisierung, Meßwesen und Warenprüfung sind dazu die Ergebnisse von Qualitätsprüfungen bekanntzugeben, die von den Bestellern, ihren Beauftragten oder anderen Kontrollorganen durchgeführt wurden.
(3) Das Verfahren dieser Qualitätskontrollen wird durch das Amt für Standardisierung, Meßwesen und Warenprüfung festgelegt. Für die Bereitstellung der Prüfmuster und Proben gelten die entsprechenden Festlegungen des § 17 sinngemäß.

§ 23

Betriebskontrollen

(1) Zur Überprüfung der Voraussetzungen für eine mustergetreue und den staatlichen Qualitätsvorschriften entsprechende Produktion führt das Amt für Standardisierung, Meßwesen und Warenprüfung Untersuchungen in Wirtschaftseinheiten durch. Dabei konzentriert es sich vorrangig auf die Kontrolle der Wirksamkeit und der Weiterentwicklung der Maßnahmen zur Qualitätssicherung und Standardisierung sowie auf besondere Schwerpunkte der Qualitätssicherung und Qualitätsentwicklung.
(2) Die mit der Durchführung der Betriebskontrollen beauftragten Mitarbeiter des Amtes für Standardisierung, Meßwesen und Warenprüfung sind unter Beachtung der geltenden Sicherheitsbestimmungen und der Festlegungen zum Schutz von Staats- und Dienstgeheimnissen, zum Betreten aller betrieblichen Räume, Lagerplätze usw. sowie zur Ein-

sicht in alle betrieblichen Unterlagen berechtigt. Das Recht zum Betreten von Wirtschaftseinheiten, die speziell für die bewaffneten Organe der Deutschen Demokratischen Republik arbeiten, darf nur im Einvernehmen mit diesen ausgeübt werden.

§ 24

Auszeichnung von Betrieben

Betrieben oder Betriebsteilen, die bei der Herstellung von Erzeugnissen bzw. der Erbringung von Leistungen ein hohes Qualitätsniveau entsprechend festgelegter Bedingungen dauerhaft gewährleisten, kann vom Amt für Standardisierung, Meßwesen und Warenprüfung der Titel „Betrieb der ausgezeichneten Qualitätsarbeit" verliehen werden. Die Bedingungen sowie das Verfahren der Auszeichnung werden vom Amt für Standardisierung, Meßwesen und Warenprüfung in Abstimmung mit den zentralen Staatsorganen festgelegt.

§ 25

Garantie

Das Amt für Standardisierung, Meßwesen und Warenprüfung ist berechtigt,
- die gesetzliche Garantiezeit und Garantiehöchstfristen entsprechend den Bestimmungen des Vertragsgesetzes festzulegen,
- Herstellerbetriebe von Konsumgütern zu verpflichten, Zusatzgarantie gemäß § 150 des Zivilgesetzbuches zu gewähren.

§ 26

Auflagen durch das Amt für Standardisierung, Meßwesen und Warenprüfung und das Amt für industrielle Formgestaltung

Die Wirtschaftseinheiten sind verpflichtet, Auflagen, die das Amt für Standardisierung, Meßwesen und Warenprüfung und das Amt für industrielle Formgestaltung zur Beseitigung festgestellter Mängel
- bei der Realisierung der staatlichen Aufgaben und Planauflagen zur Qualitätsentwicklung und -sicherung, der vom Amt für Standardisierung, Meßwesen und Warenprüfung vorgegebenen Schwerpunkte der Qualitätsentwicklung und -sicherung sowie der vom Amt für industrielle Formgestaltung vorgegebenen spezifischen gestalterischen Zielstellungen,
- bei der Durchsetzung der betrieblichen Maßnahmen zur Qualitätssicherung und Standardisierung[2]),
- bei der Durchsetzung der Maßnahmen zur Qualitätssicherung im Konsumgüterbinnenhandel und im Produktionsmittelhandel

erteilt, unverzüglich nachzukommen. Ihre Verantwortung für die Entwicklung und Sicherung der Qualität der Erzeugnisse wird dadurch nicht eingeschränkt.

V.

Qualifizierung für die Aufgaben der Qualitätssicherung und Standardisierung

§ 27

(1) Das Ministerium für Hoch- und Fachschulwesen, das Ministerium für Volksbildung und das Staatssekretariat für Berufsbildung haben in Zusammenarbeit mit dem Amt für Standardisierung, Meßwesen und Warenprüfung und den anderen zuständigen Staatsorganen und Kombinaten zu gewährleisten, daß auf der Grundlage der geltenden Rechtsvorschriften die Fragen der Entwicklung und Sicherung der Qualität, der Standardisierung und des Meßwesens allseitig in die Aus- und Weiterbildung einbezogen werden.
(2) Die Aus- und Weiterbildung der Leiter und Mitarbeiter der TKO ist durch die Leiter der entsprechenden Wirtschaftseinheiten zu gewährleisten. Die Aus- und Weiterbildung der staatlichen Leiter der TKO erfolgt durch das Amt für Standardisierung, Meßwesen und Warenprüfung.

VI.

Schlußbestimmungen

§ 28

Gebühren

Für die Tätigkeit des Amtes für Standardisierung, Meßwesen und Warenprüfung und der von ihm Beauftragten werden Gebühren gemäß den geltenden Rechtsvorschriften erhoben.

§ 29

Ordnungsstrafbestimmungen

(1) Wer vorsätzlich oder fahrlässig als Leiter oder leitender Mitarbeiter in den Wirtschaftseinheiten

a) die Produktion oder die Auslieferung von Erzeugnissen entgegen den Festlegungen des § 7 Absätze 2 und 3 zuläßt,
b) Auflagen, die das Amt für Standardisierung, Meßwesen und Warenprüfung oder das Amt für industrielle Formgestaltung im Rahmen des § 26 erteilt haben, nicht unverzüglich nachkommt,
c) anmeldepflichtige und prüfpflichtige Erzeugnisse nicht beim Amt für Standardisierung, Meßwesen und Warenprüfung (§ 13 Absätze 2 und 3) bzw. bei der zuständigen Stelle des Amtes für industrielle Formgestaltung (§ 14 Abs. 2) anmeldet,
d) Proben und Prüfmuster vorlegt, die für die Erzeugnisse, deren Qualität sie nachweisen sollen, nicht repräsentativ sind (§ 17 Abs. 1),

e) Erzeugnisse entgegen den Festlegungen des § 18 nicht ordnungsgemäß kennzeichnet,
f) entgegen den Festlegungen des § 21 Abs. 3 approbationspflichtige Erzeugnisse importiert oder zulassungspflichtige Erzeugnisse verwendet,
g) als Leiter der TKO seiner Meldepflicht gemäß § 11 Abs. 6 nicht nachkommt,

kann mit Verweis oder Ordnungsstrafe von 10 bis 500 M belegt werden.

(2) Eine Ordnungsstrafe bis 1000 M kann ausgesprochen werden, wenn durch eine vorsätzliche Ordnungswidrigkeit gemäß Abs. 1

– ein größerer Schaden verursacht wurde oder hätte verursacht werden können,
– die gesellschaftlichen Interessen grob mißachtet wurden oder
– eine vorsätzliche Ordnungswidrigkeit aus Vorteilsstreben oder wiederholt innerhalb von 2 Jahren begangen und mit Ordnungsstrafe geahndet wurde.

(3) Die Durchführung des Ordnungsstrafverfahrens obliegt dem Präsidenten des Amtes für Standardisierung, Meßwesen und Warenprüfung sowie dem Leiter des Amtes für industrielle Formgestaltung.

(4) Für die Durchführung des Ordnungsstrafverfahrens und den Ausspruch von Ordnungsstrafmaßnahmen gilt das Gesetz vom 12. Januar 1968 zur Bekämpfung von Ordnungswidrigkeiten – OWG – (GBl. I Nr. 3 S. 101).

§ 30

Für Wirtschaftseinheiten, die dem Geltungsbereich dieser Verordnung unterliegen, kann der Präsident des Amtes für Standardisierung, Meßwesen und Warenprüfung – und in seinem Zuständigkeitsbereich der Leiter des Amtes für industrielle Formgestaltung – in besonderen Fällen Ausnahmen von den Bestimmungen dieser Verordnung zulassen, wenn ihre uneingeschränkte Anwendung aus volkswirtschaftlichen Gründen nicht möglich oder nicht notwendig ist.

§ 31

Durchführungsbestimmungen

Durchführungsbestimmungen erlassen der Präsident des Amtes für Standardisierung, Meßwesen und Warenprüfung und der Leiter des Amtes für industrielle Formgestaltung in Abstimmung mit den zuständigen zentralen Staatsorganen.

§ 32

(1) Diese Verordnung tritt am 1. Juli 1980 in Kraft.

(2) Gleichzeitig treten außer Kraft:

– Verordnung vom 18. Dezember 1969 über die staatliche Qualitätskontrolle (GBl. II 1970 Nr. 15 S. 110),

– Verordnung vom 18. Dezember 1969 über die Sicherung und Steigerung der Qualität der Erzeugnisse in den Kombinaten und Betrieben – Qualitätssicherungsverordnung – (GBl. II 1970 Nr. 15 S. 118),
– Erste Durchführungsbestimmung vom 15. Januar 1970 zur Verordnung über die Sicherung und Steigerung der Qualität der Erzeugnisse in den Kombinaten und Betrieben (GBl. II Nr. 15 S. 122),
– Verordnung vom 27. August 1973 zur Änderung der Verordnung über die staatliche Qualitätskontrolle (GBl. I Nr. 41 S. 426),
– Verordnung vom 8. September 1960 über die Staatliche Güteinspektion des Handels (GBl. I Nr. 55 S. 524).

[1]) Z. Z. gilt die Verordnung vom 8. Mai 1972 über Lieferungen und Leistungen an die bewaffneten Organe – Lieferverordnung (LVO) – (GBl. II Nr. 33 S. 363).
[2]) Z. Z. gilt TGL 29513 „Betriebliche Qualitätssicherung und Standardisierung (QSS)".
[3]) Z. Z. gilt die Anordnung vom 15. September 1979 über die Anmeldepflicht und Prüfpflicht auf dem Gebiet der staatlichen Qualitätskontrolle (Sonderdruck Nr. 803/3 des Gesetzblattes).
[4]) Z. Z. gilt die Anordnung vom 13. Juli 1978 über die gestalterische Prüfpflicht von Erzeugnissen durch die staatliche Qualitätskontrolle (Sonderdruck Nr. 803/2 des Gesetzblattes).
[5]) Einzelheiten zur Erteilung bzw. zum Entzug von staatlichen Gütezeichen sind in TGL 29512 geregelt.

Erste Durchführungsbestimmung zur Verordnung über den Standard des Rates für Gegenseitige Wirtschaftshilfe — Planung, Ausarbeitung, Bestätigung und Einführung von RGW-Standards

vom 30. April 1978

(GBl. I Nr. 19 S. 233)

Entsprechend § 11 der Verordnung vom 19. September 1974 über den Standard des Rates für Gegenseitige Wirtschaftshilfe (GBl. I Nr. 55 S. 499) wird zur einheitlichen Leitung und Planung von Standardisierungsarbeiten auf diesem Gebiet im Einvernehmen mit den Leitern der zuständigen zentralen Staatsorgane folgendes bestimmt:

§ 1

Planung der Aufgaben zur Ausarbeitung von RGW-Standards

(1) Die Planung der Aufgaben zur Ausarbeitung von Standards des Rates für Gegenseitige Wirtschaftshilfe (nachfolgend RGW-Standards genannt) hat mit der Zielstellung zu erfolgen, eine effektive Gestaltung der internationalen Spezialisierungs- und Kooperationsbeziehungen zwischen den Zulieferern und den Weiterverarbeitenden sowie des Warenaustausches der Mitgliedsländer des RGW zu gewährleisten.

(2) Die Aufgaben sind zu planen

- in unmittelbarer Verbindung mit den Arbeiten in Forschung und Entwicklung und zur breiten Nutzung wissenschaftlich-technischer Erkenntnisse in der Produktion, insbesondere zur Realisierung der mehr- und zweiseitigen Regierungs- und Ressortabkommen über die Forschungs- und Produktionskooperation und der Handelsabkommen mit den Mitgliedsländern des RGW, sowie mit dem Ziel, die Exportkraft
- der DDR zu erhöhen;
- unter Berücksichtigung der Erfordernisse der Landesverteidigung;
- im Zusammenhang mit den Aufgaben der Qualitätsentwicklung und -sicherung sowie der komplexen Standardisierung;
- im Zusammenhang mit den sich aus der Zusammenarbeit der Mitgliedsländer des RGW ergebenden Anforderungen an die Schaffung rationeller und einheitlicher Prüfverfahren und Meßmittel zur Sicherung der arbeitsteiligen Produktion qualitativ hochwertiger und kostengünstiger Erzeugnisse sowie der Einheitlichkeit und Richtigkeit der Messungen.

(3) Die Vorschläge der DDR für den „Plan zur Ausarbeitung von RGW-Standards" sind von den zuständigen zentralen Staatsorganen auf der Grundlage der Arbeitsprogramme zu den Komplexthemen und Perspektivrichtungen der RGW-Organe und internationaler Wirtschaftsorganisationen der Mitgliedsländer des RGW, von Vorgaben des Amtes für

Standardisierung, Meßwesen und Warenprüfung (ASMW) und eigener Vorschläge zu erarbeiten. Die Vorschläge sind mit den Leitern der DDR-Delegationen in den entsprechenden Komitees und Komissionen des RGW sowie mit den Vertretern der DDR in den internationalen Organisationen der RGW-Mitgliedsländer abzustimmen. Zur Durchsetzung komplexer Lösungen entsprechend Abs. 2 sind die zentralen Staatsorgane berechtigt, dem ASMW auch solche Planvorschläge zu unterbreiten, die von anderen zentralen Staatsorganen zu realisieren sind. Derartige Vorschläge sind vorher mit den zuständigen zentralen Staatsorganen abzustimmen.

(4) Mit den Planvorschlägen sind technisch-ökonomische Zielstellungen auszuweisen, aus denen das zu erreichende wissenschaftlich-technische und Qualitätsniveau, der Intensivierungseffekt bei gleichzeitiger Verbesserung der Arbeitsbedingungen (z. B. Einsparung von Material, Energie, Arbeitszeit, Gewährleistung der Schutzgüte), die Sicherung der Austauschbarkeit und Kopplungsfähigkeit, die Erweiterung des Warenaustausches mit den Mitgliedsländern des RGW ersichtlich ist. Außerdem ist der Nachweis über die Einhaltung der Anforderungen, die sich aus den unter Abs. 2 genannten Abkommen ergeben, zu führen.

(5) Die zentralen staatlichen und gewerkschaftlichen Organe, die auf den Gebieten des Gesundheits-, Arbeits- und Brandschutzes sowie der Landeskultur und des Umweltschutzes Koordinierungs- oder Kontrollfunktionen ausüben, sind entsprechend den Rechtsvorschriften rechtzeitig in alle Phasen der Planung einzubeziehen. Planvorschläge für RGW-Standards, die ausschließlich Festlegungen auf den vorhergenannten Gebieten zum Inhalt haben sollen, sind mit den in der DDR dafür verantwortlichen Organen abzustimmen.[1])

(6) Die Planvorschläge sind von dem für die Ausarbeitung der RGW-Standards zuständigen Organ vor dem ASMW zu verteidigen.

(7) Der Vorschlag der DDR für den ,,Plan zur Ausarbeitung von RGW-Standards" ist vom ASMW an das Sekretariat des RGW zur Koordinierung zu übergeben.

(8) Die Stellungnahmen der zentralen Staatsorgane der DDR zum Gesamptplanvorschlag im jeweiligen Planjahr sind nach den Gesichtspunkten, die für die Ausarbeitung von Vorschlägen der DDR gelten, auszuarbeiten.

(9) Nach der Bestätigung des ,,Planes zur Ausarbeitung von RGW-Standards" durch die Ständige Kommission des RGW für Standardisierung übergibt der Präsident des ASMW den Ministern und Leitern der anderen zentralen Staatsorgane die ihren Verantwortungsbereich betreffenden bestätigten Planaufgaben. Die Minister und Leiter der anderen zentralen Staatsorgane haben zu sichern, daß diese Aufgaben und die notwendigen nationalen Aktivitäten in die Pläne Wissenschaft und Technik aufgenommen und die notwendigen Maßnahmen zur Einführung der RGW-Standards vorbereitet und bilanziert werden.

(10) Die in der DDR erforderlichen Arbeiten zur umfassenden Abstimmung der Entwürfe der RGW-Standards, zur Übersetzung und für die Erarbeitung von Stellungnahmen zu Entwürfen der RGW-Standards sowie zur Bekanntmachung (in der Regel bei Arbeitsetappe — AE 2), evtl. Veröffentlichung, zur Vorbestätigung der Entwürfe der RGW-Standards sowie die Ausarbeitung und Abstimmung der Direktiven zur Abstimmung der

Entwürfe der RGW-Standards sind so zu planen, daß die Realisierung der Arbeitsetappen und Termine des „Planes zur Ausarbeitung von RGW-Standards" gesichert ist.
(11) Mit der Planung der Aufgaben zur Ausarbeitung der RGW-Standards

- ist die gleichzeitige Überarbeitung bestehender korrespondierender staatlicher Standards und anderer Rechtsvorschriften der DDR, die mit dem auszuarbeitenden RGW-Standard voraussichtlich nicht mehr oder nur noch teilweise übereinstimmen werden, in die Pläne Wissenschaft und Technik aufzunehmen,
- sind die korrespondierenden staatlichen Standards zu ermitteln und ihre Überarbeitung in Abstimmung mit den zuständigen staatlichen Organen von diesen einzuplanen,
- ist die gleichzeitige Überprüfung und Überarbeitung bestehender Empfehlungen zur Standardisierung (RS-RGW), auf die in den auszuarbeitenden RGW-Standards Bezug genommen werden soll, zur Aufnahme in den „Plan zur Ausarbeitung von RGW-Standards" vorzuschlagen,
- ist zu sichern, daß für gleichartige Themen und Zeiträume die Ausarbeitung staatlicher Standards der DDR nicht durchgeführt wird.

§ 2

Ausarbeitung und Bestätigung der RGW-Standards

(1) Die Ausarbeitung der RGW-Standardentwürfe sowie die Erarbeitung von Stellungnahmen zu RGW-Standardentwürfen und ihre umfassende Abstimmung in der DDR hat unmittelbar durch die in den Plänen Wissenschaft und Technik festgelegten staatlichen oder wirtschaftsleitenden Organe zu erfolgen und ist unter Beachtung der von der Ständigen Kommission des RGW für Standardisierung erlassenen methodischen Hinweise (MS) wie die Ausarbeitung von DDR-Standards durchzuführen.
(2) Die Versendung der Materialien zu RGW-Standards hat entsprechend den Festlegungen der Absätze 3 und 4 durch den Sekretär der DDR-Delegation derjenigen RGW-Kommission bzw. anderer Organe des RGW bzw. durch die Vertreter der DDR in internationalen Organisationen der Mitgliedsländer des RGW zu erfolgen, die entsprechend dem „Plan zur Ausarbeitung von RGW-Standards" für die Ausarbeitung des betreffenden RGW-Standards zuständig sind.
(3) Das Material zur Erfüllung der Arbeitsetappen 1 bis 4[2]) ist von dem gemäß Abs. 2 zuständigen Sekretär bzw. Vertreter der DDR in der Regel unmittelbar ohne vorherige Zustimmung durch das ASMW an die zuständigen Organe der anderen Mitgliedsländer des RGW zu versenden. Zeichnen sich bei der Erfüllung der Aufgaben aus diesen Arbeitsetappen Probleme grundsätzlicher Art hinsichtlich der inhaltlichen Gestaltung des RGW-Standards oder des methodischen Ablaufes ab, so ist das ASMW zu konsultieren. Die zuständigen Abteilungen des ASMW haben das Recht, bei der Ausarbeitung der RGW-Standards mitzuwirken. Ist die DDR mit der Federführung der Ausarbeitung des RGW-

Standards betraut, so sind die 2. Entwürfe (AE 4) vor der Übersendung an die Länderdelegationen nach der nationalen Abstimmung der zuständigen Abteilung des ASMW zur Zustimmung vorzulegen.

(4) Die Direktive zur internationalen Abstimmung des RGW-Standardentwurfes (AE 5) ist von dem mit der Ausarbeitung bzw. zur Mitarbeit beauftragten staatlichen oder wirtschaftsleitenden Organ mindestens 1 Monat vor dem im „Plan zur Ausarbeitung von RGW-Standards" festgelegten Termin in zweifacher Ausfertigung an die zuständige Abteilung des ASMW zur Zustimmung zu übergeben, wobei 1 Ausfertigung die zuständige Abteilung nach der Bestätigung erhält. Die Direktive muß den Standpunkt der DDR einschließlich der Abstimmungsvarianten, den Nachweis über die nationale Abstimmung, die Art der DDR-Ausgabe gemäß § 3 Abs. 2 oder 3, die Termine für die internationale und nationale Verbindlichkeit, den Nachweis über den in der DDR zu erwartenden Nutzen aus der Anwendung dieses RGW-Standards, insbesondere Erweiterung oder Sicherung des Warenaustausches qualitativ hochwertiger Erzeugnisse, Einsparung von Material und Arbeitszeit, Gewährleistung der Schutzgüte, Erweiterung und Sicherung der Spezialisierung und Kooperation in Produktion und Forschung, beinhalten. Die Direktive ist vom Leiter des für die internationale Abstimmung verantwortlichen Organs zu bestätigen, für die RGW-Standardentwürfe in der Ständigen Kommission des RGW für Standardisierung (SKS) durch den Leiter der DDR-Delegation in der SKS.

(5) Der international abgestimmte RGW-Standardentwurf ist vor der Bestätigung durch die SKS von den zuständigen zentralen Staatsorganen nach der Spezialistenberatung (AE 5), jedoch nicht später als 2 Monate vor dem im „Plan zur Ausarbeitung von RGW-Standards" festgelegten Termin (AE 6) an das ASMW zur Vorbestätigung durch den Präsidenten des ASMW zu übergeben. Grundlage für den einzureichenden Standard ist das auf der Spezialistenberatung abgestimmte Material. Erfolgte bereits eine endgültige Abstimmung des RGW-Standardentwurfes, so sind ein Bericht von der Beratung mit Aussagen zur Erfüllung der Direktive, der Standardentwurf (deutsch und russisch), der Nachweis der nationalen Abstimmung, die Verbindlichkeitstermine, der Nachweis des Nutzens gemäß Abs. 4 sowie notwendige Protokollerklärungen einzureichen. In anderen Fällen sind das Abstimmungsergebnis, der Standpunkt zur Expertise, der Nachweis des Nutzens gemäß Abs. 4, das nationale Abstimmungsergebnis, der Abschlußbericht, die Verbindlichkeitstermine, notwendige Protokollerklärungen sowie der Standardentwurf (deutsch vervielfältigungsfähig, russisch) einzureichen.

§ 3
Einführung von RGW-Standards

(1) RGW-Standards werden in der DDR in 2 Stufen eingeführt:

a) Inkraftsetzung des RGW-Standards für seine verbindliche Anwendung in der ökonomischen und wissenschaftlich-technischen Zusammenarbeit der DDR mit den anderen Mitgliedsländern des RGW,

b) Inkraftsetzung der DDR-Ausgabe des RGW-Standards für die verbindliche Anwendung innerhalb der Volkswirtschaft der DDR.

Die Einführung erfolgt in beiden Fällen durch Anordnung des Präsidenten des ASMW im Gesetzblatt der DDR; damit werden diese Standards für die DDR rechtswirksam.

(2) Die DDR-Ausgabe des RGW-Standards gemäß Abs. 1 Buchst. b wird grundsätzlich als DDR-Standard in Form der authentischen Übersetzung der Originalfassung des RGW-Standards mit einem Deckblatt herausgegeben.

(3) Ist die Herausgabe eines DDR-Standards gemäß Abs. 2 ökonomisch oder technisch nicht möglich oder nicht zweckmäßig, ist ein DDR-Standard herauszugeben, dessen Festlegungen eine Übereinstimmung der Kennwerte des RGW-Standards gewährleisten. Dabei ist es zulässig, in dem DDR-Standard zusätzlich höhere Forderungen im Vergleich zu den Forderungen des RGW-Standards festzulegen, wenn die Austauschbarkeit und technische Kompatibilität eingehalten werden. Die Festlegung höherer Qualitätsforderungen kann z. B. vorgenommen werden durch

- Erweiterung des Sortiments, welches für die Anwendung in der DDR gültig ist;
- Festlegungen über Materialeinsatz oder Einschränkung von Beimengungen, deren Anwendung nur für die DDR vorgesehen ist;
- Spezifizierung der Festlegungen des Gesundheits-, Arbeits- und Brandschutzes;
- Auswahlen aus RGW-Standards.

(4) Die Leiter der zentralen Staatsorgane, die für den jeweiligen RGW-Standard in der DDR verantwortlich sind, haben zu sichern, daß innerhalb von 6 Monaten nach Vorliegen des vom Sekretariat des RGW ausgedruckten RGW-Standards die Unterlagen zur Inkraftsetzung des RGW-Standards gemäß Abs. 1 Buchst. a und zur Bestätigung der DDR-Ausgabe des RGW-Standards gemäß Abs. 1 Buchst. b erarbeitet und einschließlich einer authentischen Übersetzung des RGW-Standards entsprechend den Festlegungen zur Bestätigung von DDR-Standards dem Präsidenten des ASMW eingereicht werden.

(5) Erfolgt der Beitritt der DDR zu einem RGW-Standard zu einem späteren Zeitpunkt als zum Zeitpunkt seiner Bestätigung, so sind die Arbeiten gemäß den Absätzen 1 bis 4 so auszuführen, daß spätestens 1 Jahr vor Einführung der DDR-Standard bestätigt werden kann.

(6) Hat die DDR an der Bestätigung eines RGW-Standards nicht teilgenommen, so wird der vom Sekretariat des RGW ausgedruckte RGW-Standard vom ASMW dem fachlich zuständigen zentralen Staatsorgan der DDR als Informationsmaterial übergeben.

(7) Werden Widersprüche zwischen den RGW-Standards und DDR-Ausgaben von RGW-Standards sowie anderen DDR- oder Fachbereichstandards festgestellt, so entscheidet der Präsident des ASMW in Abstimmung mit den Leitern der beteiligten Staatsorgane über die Beseitigung der Widersprüche. Bis zur Beseitigung der Widersprüche gilt der RGW-Standard.

§ 4

Abweichungen von den RGW-Standards

(1) Die Minister und Leiter der anderen zentralen Staatsorgane sind dafür verantwortlich, daß RGW-Standards und DDR-Ausgaben der RGW-Standards in der ökonomischen und wissenschaftlich-technischen Zusammenarbeit mit den Mitgliedsländern des RGW bzw. in der Volkswirtschaft der DDR verbindlich angewendet werden.

(2) Abweichungen von den RGW-Standards in der ökonomischen und wissenschaftlich-technischen Zusammenarbeit mit den Mitgliedsländern des RGW sind nur zulässig, wenn vorher die zuständigen Partnerorgane derjenigen Mitgliedsländer des RGW, mit deren Betrieben bzw. Institutionen ein diesbezüglicher Vertrag vereinbart werden soll, der Abweichung zustimmen und daraufhin der Präsident des ASMW eine Ausnahmegenehmigung erteilt hat. Für den Antrag auf Erteilung einer Ausnahmegenehmigung einschließlich der dazu erforderlichen internationalen und nationalen Abstimmungen ist das für den RGW-Standard in der DDR zuständige Organ verantwortlich. Der Inhalt der Abweichung von den in dem RGW-Standard festgelegten Kennwerten und anderen technischen Forderungen ist in den diesbezüglichen Verträgen zu vereinbaren.

(3) Bei Abweichungen von DDR-Ausgaben der RGW-Standards sind die gleichen Regelungen anzuwenden wie bei Abweichungen von DDR- und Fachbereichstandards.[3])

§ 5

Zurückziehung von RGW-Standards

Anträge auf Zurückziehung von RGW-Standards ohne Ersatz sowie Anträge zur Berichtigung von RGW-Standards sind von den Leitern der zuständigen zentralen Staatsorgane beim ASMW einzureichen. Zurückziehungen und Berichtigungen von RGW-Standards werden von der SKS vorgenommen und vom Präsidenten des ASMW durch Anordnung im Gesetzblatt der DDR veröffentlicht. Damit werden die Zurückziehungen bzw. Berichtigungen für die DDR rechtswirksam. Gleichzeitig sind die erforderlichen Festlegungen hinsichtlich der Außerkraftsetzung bzw. Berichtigung der entsprechenden DDR-Ausgaben durch den Präsidenten des ASMW zu treffen.

Schlußbestimmungen

§ 6

Zur Sicherung der Arbeiten können die Minister und Leiter der zentralen Staatsorgane Regelungen für ihre Verantwortungsbereiche herausgeben.

§ 7

(1) Diese Durchführungsbestimmung tritt mit ihrer Veröffentlichung in Kraft.

(2) Gleichzeitig tritt die Erste Durchführungsbestimmung vom 24. April 1975 zur Verordnung über den Standard des Rates für Gegenseitige Wirtschaftshilfe — Planung, Ausarbeitung, Bestätigung und Einführung von RGW-Standards — (GBl. I Nr. 28 S. 526) außer Kraft.

[1]) Siehe Sechste Durchführungsbestimmung vom 26. Juni 1974 zur Standardisierungsverordnung — Standardisierung von Forderungen des Gesundheits- und Arbeitsschutzes sowie Brandschutzes — (GBl. I Nr. 35 S. 334) sowie Siebente Durchführungsbestimmung vom 27. November 1975 zur Standardisierungsverordnung — Standardisierung von Forderungen zur Gewährleistung der sozialistischen Landeskultur und des Umweltschutzes — (GBl. I Nr. 47 S. 763).

[2]) Entsprechend der Nomenklatur der Arbeitsstufen für Aufgaben des Planes Wissenschaft und Technik.

[3]) Z. Z. gelten die Zweite Durchführungsbestimmung vom 11. September 1968 zur Standardisierungsverordnung — Abweichungen von DDR- und Fachbereichstandards — (GBl. II Nr. 100 S. 802) in der Fassung der Anordnung vom 23. Juli 1973 zur Aufhebung und Änderung von Rechtsvorschriften auf dem Gebiet der Standardisierung (GBl. I Nr. 37 S. 400) sowie die Sechste Durchführungsbestimmung vom 26. Juni 1974 zur Standardisierungsverordnung — Standardisierung von Forderungen des Gesundheits- und Arbeitsschutzes sowie Brandschutzes — (GBl. I Nr. 35 S. 334).

Anordnung über den Einsatz von Verpackungsmitteln aus Plastfolien, faltbaren Schachteln und Zuschnitten aus Karton und Verpackungen aus Wellpappe, kaschiert und bedruckt — Staatliche Einsatzbestimmung — vom 31. Mai 1978

(GBl. I Nr. 16 S. 187) — Auszug —

Auf der Grundlage der Anordnung vom 3. Dezember 1976 über das Informationssystem für Werkstoffe und ökonomischen Materialeinsatz und den Erlaß staatlicher Einsatzbestimmungen für Rohstoffe und Materialien (GBl. I Nr. 50 S. 565) wird im Einvernehmen mit den Leitern der zuständigen zentralen staatlichen Organe folgendes angeordnet:

§ 1

Diese Anordnung gilt für die Verwendung von Beuteln aus Polyäthylenfolie niederer Dichte, ELN-Nr. 155 73 500, aus Polyäthylenfolie hoher Dichte (papierähnlich), ELN-Nr. 155 73 790 und aus Polypropylenfolie, ELN-Nr. 155 73 600; Einschlägen und Einwicklern in Rollen aus Polyäthylenfolie niederer Dichte, bedruckt, ELN-Nr. 155 74 140; faltbaren Schachteln und Zuschnitten aus Karton, ELN-Nr. 155 75 300 und Verpackungen aus Wellpappe, kaschiert und bedruckt, ELN-Nr. 155 71 300 und 469 (nachfolgend Verpackungsmittel aus Plastfolien, Karton und Wellpappe genannt).

§ 2

(1) Die Bereitstellung und der Einsatz von Verpackungsmitteln aus Plastfolien und Karton wird für den Export von Erzeugnissen und für Delikat- und Exquisiterzeugnisse gestattet.
(2) Der Einsatz von Verpackungen aus Wellpappe, kaschiert und bedruckt, wird ausschließlich für den Export hochwertiger Konsumgüter gestattet.
(3) Die benötigte Menge ist durch technisch-ökonomisch begründete Materialverbrauchsnormen zu belegen.
(4) Mit den Vertragsangebot ist dem Lieferer von Verpackungsmitteln der Exportumfang sowie der Anteil für die Delikat- und Exquisitmengen nachzuweisen.

§ 3

(1) Für die Bereitstellung und den Einsatz von Verpackungsmitteln aus Plastfolien und Karton zur Verpackung von Erzeugnissen für den Inlandverbrauch im Rahmen der bilanzierten staatlichen Fonds gemäß den Anlagen 1 und 2 ist dem Lieferer von Verpackungsmitteln mit dem Vertragsangebot jährlich nachzuweisen:

– die Notwendigkeit des Einsatzes von Verpackungsmitteln aus Plastfolien und Karton für die Gebrauchswerterhaltung und die Qualität des zu verpackenden Erzeugnisses,

– die Übereinstimmung in den Abmessungen zwischen Füllgut und Verpackungsmittel,
– die Notwendigkeit der geforderten Foliendicke.

(2) Es ist nicht gestattet, Verpackungsmittel aus Folien und Karton für solche Erzeugnisse einzusetzen, die bereits durch eine andere Verpackung einen ausreichenden Schutz gegenüber nachteiligen Wirkungen auf den Gebrauchswert und die Qualität der Erzeugnisse erhalten (Vermeidung von Doppelverpackungen).

§ 4

Die anwendungstechnische Beratung der Verwender von Verpackungsmitteln aus Plastfolien und Karton durch die Lieferer ist insbesondere bei der Auswahl der Folienqualität, Foliendicke und Schachtelkonstruktion zu verstärken.

§ 5

(1) Die *VVB Verpackung*[1]), 701 Leipzig, Lessingstraße 22, ist berechtigt, Ausnahmegenehmigungen für begründete Einsatzgebiete, die nicht in den Anlagen 1 und 2 erfaßt sind, zu erteilen.
(2) Anträge auf Erteilung einer Ausnahmegenehmigung sind unter Beachtung des § 12 der Anordnung über das Informationssystem für Werkstoffe und ökonomischen Materialeinsatz und den Erlaß staatlicher Einsatzbestimmungen für Rohstoffe und Materialien und in Abstimmung mit den wirtschaftsleitenden Organen des Binnenhandels zu stellen.

§ 6

Der staatlichen Einsatzbestimmung liegt der derzeitige Stand der technischen Entwicklung in den abpackenden Industriezweigen zugrunde. Über vorgesehene Veränderungen der Abpacktechnologien und Neu- und Weiterentwicklungen von zu verpackenden Erzeugnissen, die zu Bedarfsforderungen mit einem Mehrverbrauch an Verpackungsmitteln aus Plastfolien führen, ist mit der Investitionsvorentscheidung die *VVB Verpackung*[1]) zu informieren. Die *VVB Verpackung*[1]) hat die Information mit ihrer Stellungnahme dem Ministerium für Leichtindustrie[2]) zu übergeben. Das Ministerium für Leichtindustrie[2]) entscheidet über die materielle Sicherung in Abstimmung mit dem Ministerium für Materialwirtschaft und dem Ministerium für Chemische Industrie.

§ 7

Die *VVB Verpackung*[1]) ist als zuständiges bilanzierendes Organ berechtigt und verpflichtet, Kontrollen über die Einhaltung dieser staatlichen Einsatzbestimmung durchzuführen.

§ 8

Diese Anordnung tritt am 1. Juli 1978 in Kraft.

Anlage 1

zu vorstehender Anordnung

Einsatz von Beuteln aus Polyäthylenfolie niederer Dichte, aus Polyäthylenfolie hoher Dichte (papierähnlich), und aus Polypropylenfolie, Einschläge und Einwicklern aus Polyäthylenfolie, niederer Dichte, und aus Polypropylenfolie

1. **Lebensmittelindustrie**

...

2. **Land- und Nahrungsgüterwirtschaft**

...

3. **Textilindustrie**

...

4. **Chemische Industrie**

...

14481000 Heilschlamm
14420130 Tabletten

...

5. **Elektronik/Elektrotechnik**

...

13877000 }
13883000 } Medizin- und Laborgeräte
13884000 }

...

13859400 Brillenfassungen
15341620 Bakterienfilter
15341620 Glasfilterkerzen

...

6. **Metallurgie**

...

7. **Sonstige Industriewaren**

14471000 Verbandwatte
16691000 Kosmetischer Wattebausch

14477000 Verbandmittelsätze und Tücher
14478112 Damenhygieneartikel
15585990 Zellstoffwindeln
15585910 Papierservietten (Automatenverpackung)
...

Anlage 2

zu vorstehender Anordnung

Einsatz von faltbaren Schachteln und Zuschnitten aus Karton

1. Lebensmittelindustrie und Nahrungsgüterwirtschaft

...

2. Pharmazeutische Industrie

14420000 14430000 14440000 14470000 Arzneifertigwaren zur Anwendung in der Humanmedizin und Veterinärmedizin, die unter Berücksichtigung der Deklarationsvorschriften des Arzneimittelgesetzes, der Wahrung des Lichtschutzes und der Komplettierungsmöglichkeiten in Faltschachteln zu verpacken sind.

3. Haushaltchemie

...

14913000 Spezialseifen, wie Schwefel-, Benzin- und Terpentinseifen
14931100 Hochwertige Kosmetika, die auf Grund ihrer Preisklasse und zur Wahrung des Seriencharakters einer Faltschachtel bedürfen.
14480000 Kosmetika (Gesundheitspflegemittel), die im Rahmen der Einsatzrichtlinien des Instituts für Arzneimittelwesen in Faltschachteln zu verpacken sind.
...

14951500 Toxische Erzeugnisse

10. Sonstige Erzeugnisse

...

14645160 Präservative

[1]) Jetzt: VEB Kombinat Verpackung, Leipzig.
[2]) Jetzt: Ministerium für Glas: und Keramikindustrie.

Verfügung zur Sicherung einer hemmstofffreien Rohmilch nach Antibiotikabehandlung

vom 22. November 1974

(VuM MLFN Nr. 12 S. 83)

Zur weiteren Verbesserung der Versorgung der Bevölkerung mit qualitativ hochwertigen Molkereierzeugnissen und zur Verhinderung von volkswirtschaftlichen Verlusten in den milchverarbeitenden Betrieben bei der Verwendung von antibiotikahaltiger Rohmilch wird zur Sicherung einer hemmstofffreien Rohmilch nach der Behandlung von Euterentzündungen der Milchtiere mit Antibiotika in Abstimmung mit dem Minister für Gesundheitswesen folgendes verfügt:

1. Anstelle der bisher einheitlichen Sperrfrist von mindestens 5 Tagen nach der medikamentösen Behandlung von Milchkühen mit Antibiotika werden dosis- und arzneimittelabhängige Sperrfristen festgelegt. Während der Sperrfristen ist es nicht gestattet, Milch von Milchkühen für die menschliche Ernährung oder für die Verarbeitung zu Lebensmitteln zu gewinnen oder in den Verkehr zu bringen. Solche Milch kann jedoch für Futterzwecke verwendet werden. Für die in der Deutschen Demokratischen Republik registrierten Tierarzneimittel gelten die in Anlage 1 genannten Sperrfristen. Das Staatliche Veterinärmedizinische Prüfungsinstitut Berlin wird gemäß § 28 Abs. 4 des Arzneimittelgesetzes vom 5. Mai 1964 (GBl. I Nr. 7 S. 101) ermächtigt, bei Vorliegen neuer wissenschaftlicher Erkenntnisse bei der Anwendung von Arzneimitteln in der Veterinärmedizin die Sperrfristen gemäß Anlage 1 in Abstimmung mit dem Ministerium für Gesundheitswesen, Hauptabteilung Hygiene der Lebens- und Arbeitsbedingungen, zu verkürzen, zu verlängern oder für andere Tierarzneimittel festzulegen.
2. Die einzelnen Tierarzneimittel sind mit der Sperrfrist gemäß Ziff. 1 durch den Hersteller entsprechend zu kennzeichnen.
3. Der Sperrfrist liegt ein zweimaliges tägliches Ausmelken (erstes Ausmelken 12 Stunden nach der letzten Behandlung) der Milchkühe zugrunde. Der Sperrfrist unterliegt das ganze Gemelk einer Milchkuh, auch wenn nur ein Euterviertel behandelt wurde.
4. Die Behandlung von Euterentzündungen bei Milchkühen mit Antibiotika ist durch den behandelnden Tierarzt dem zuständigen milchverarbeitenden Betrieb mittels Formblatt gemäß Anlage 2 unverzüglich mitzuteilen. Die Information des milchverarbeitenden Betriebes kann entfallen, sofern die Behandlung im Zusammenhang mit dem Trockenstellen der Milchkühe durchgeführt wird.
5. Der Nachweis von Hemmstoffen in der Rohmilch ist bei Beanstandungen und Überwachungsuntersuchungen mit mindestens einer geeigneten Methode, wie z. B. dem Joghurttest gemäß Standard TGL 11922 Milch und Milcherzeugnisse; Mikrobiologische

Prüfung Bl. 17 – Joghurttest[1]) – durch die Laboratorien der milchverarbeitenden Betriebe durchzuführen.
Bei Schiedsuntersuchungen sind die Bezirksinstitute für Veterinärwesen der Bezirke Rostock, Frankfurt/O., Erfurt, Dresden oder Berlin zwecks Durchführung spezieller Untersuchungen hinzuzuziehen.

6. Die Festlegungen der Ziffern 1 bis 5 gelten sinngemäß auch für Ziegen und Milchschafe, sofern ihre Milch an einen milchverarbeitenden Betrieb geliefert wird.

7. Die Bestimmungen des Lebensmittelgesetzes vom 30. November 1962 (GBl. I Nr. 12 S. 111) und dessen Durchführungsbestimmungen werden von dieser Verfügung nicht berührt.

8. Diese Verfügung tritt am 1. März 1975 in Kraft. Gleichzeitig tritt das Rundschreiben des Ministers für Land- und Forstwirtschaft vom 15. März 1956 betreffend Milch mit Gehalt an Antibiotika (wurde den veterinärmedizinischen Fachorganen und Einrichtungen direkt zugestellt) außer Kraft.

Anlage 1

zu vorstehender Verfügung

Sperrfristen der in der Deutschen Demokratischen Republik registrierten Tierarzneimittel

Tierarzneimittel	Dosis/ Euterviertel	Sperrfrist in Stunden bzw. Tagen	gesperrte Gemelke Anzahl
Ursopen 40000	10 ml	72 Stunden	6
Mastisulf	10 ml	72 Stunden	6
Matrin	10 ml	96 Stunden	8
Vetastrecillin-Susp.	10 ml	84 Stunden	7
Vetastrecillin-Susp.	20 ml	108 Stunden	9
Mamycin	5 g	7 Tage	14
Mastipen-Depot	10 ml	8 Tage	16
Ursocyclin-Eutersalbe	5 g	8 Tage	16

Anlage 2

zu vorstehender Verfügung

Mitteilung über die Anwendung von Tierarzneimitteln

Empfänger der Milch (milchverarbeitender Betrieb)

....

Lieferer der Milch (Betrieb, Einrichtung, Halter der Tiere)

....

Behandelte Tierart ....

Zeitpunkt der Behandlung ....

Tierarzneimittel .... Dosis ....

Applikationsort ....

Milch
frei von Rückständen der Behandlung ab ....

Kenntnis genommen: Datum ....

....

Lieferer der Milch Tierarzt

Weisung Nr. 14 zur Fleischuntersuchungsanordnung — Durchführung des biologischen Hemmstofftestes bei der bakteriologischen Fleischuntersuchung und Beurteilung der Tierkörper, die Hemmstoffe enthalten —

vom 20. Februar 1976

(VuM MLFN Nr. 2 S. 10)

Aufgrund des § 8 Abs. 4 der Fleischuntersuchungsanordnung vom 5. November 1971 (GBl. II Nr. 75 S. 644) wird im Einvernehmen mit dem Ministerium für Gesundheitswesen folgendes angewiesen:

1. Bei Tieren, die der Not- und Krankschlachtung zugeführt werden, hat der behandelnde Tierarzt dem für die Schlachttier- und Fleischuntersuchung verantwortlichen Tierarzt eine Behandlung dieser Tiere mit Antibiotika und/oder Sulfonamiden in den letzten 10 Tagen vor der Schlachtung schriftlich unter Angabe des verabfolgten Medikamentes, des Applikationsortes, der Applikationsart sowie des Zeitpunktes der letzten Behandlung mitzuteilen.
2. Bei Fleisch von not- und krankgeschlachteten Tieren ist der biologische Hemmstofftest gemäß Standard TGL 24705/02 — Bakteriologische Prüfung von Fleisch und Fleischerzeugnissen; Nachweis von Antibiotika — in Form des Nierensiebtestes durchzuführen. Davon ausgenommen sind solche Tiere, die den VEB Kombinat Fleischwirtschaft im Rahmen von Produktionsschlachtungen zugeführt und infolge von Transportschäden u. a. notgeschlachtet oder zur Krankschlachtung überwiesen werden müssen.
3. Bei der Einleitung der bakteriologischen Fleischuntersuchung von not- und krankgeschlachteten Tieren ist neben den bereits festgelegten Proben zusätzlich ein Stück Muskulatur der dorsalen Zwerchfellpfeiler (nachfolgend Muskulatur genannt) in Größe einer Walnus der zuständigen bakteriologischen Untersuchungsstelle einzusenden.
4. Bei positivem Ausfall des biologischen Hemmstofftestes in der Niere ist die Muskulatur ebenfalls dem biologischen Hemmstofftest zu unterziehen. Gleichzeitig ist die Muskulatur dem Thermostabilitätstest gemäß Arbeitsanweisung des Leiters des Veterinärwesens des Ministeriums für Land-, Forst- und Nahrungsgüterwirtschaft vom 20. Februar 1976 — Bestimmung thermostabiler Hemmstoffe — (wurde den veterinärmedizinischen Einrichtungen direkt zugestellt) zu unterziehen.
5. Für die Beurteilung von Fleisch, das bakteriologische Hemmstoffe enthält, gelten folgende Grundsätze:

5.1. Bei Nachweis thermostabiler Hemmstoffe in der Muskulatur ist der gesamte Tierkörper als untauglich gemäß § 12 Abs. 1 Ziff. 16 der Fleischuntersuchungsanordnung zu beurteilen.

5.2. Bei Nachweis thermolabiler Hemmstoffe in der Muskulatur ist der ganze Tierkörper als tauglich nach Behandlung gemäß § 16 der Fleischuntersuchungsanordnung jedoch ausschließlich zur Herstellung von Konserven zu beurteilen, sofern nicht aus anderen Gründen im Rahmen der Fleischuntersuchung eine andere Beurteilung zu erfolgen hat. Als untauglich sind jedoch Magen, Darm, Nieren, Lunge, Milz, Leber und Blut gemäß § 15 Ziff. 8 der Fleischuntersuchungsanordnung zu beurteilen.

5.3. Bei Nachweis von biologischen Hemmstoffen ausschließlich in der Niere ist der ganze Tierkörper als tauglich zu beurteilen, sofern nicht aus anderen Gründen im Rahmen der Fleischuntersuchung eine andere Beurteilung zu erfolgen hat. Als untauglich sind jedoch Magen, Darm, Nieren, Lunge, Milz, Leber und Blut gemäß § 15 Ziff. 8 der Fleischuntersuchungsanordnung zu beurteilen.

6. Diese Weisung tritt am 1. Mai 1976 in Kraft.

Anweisung über die Aufgaben und die Tätigkeit des Referenzlaboratoriums für Herpesvirus-Infektionen

vom 27. April 1978

(VuM MfGe Nr. 5 S. 38)

Im Einvernehmen mit dem Minister für Hoch- und Fachschulwesen wird angewiesen:

1.

(1) Die virologische Abteilung des Instituts für Medizinische Mikrobiologie der Medizinischen Akademie Erfurt erhält zusätzlich zu ihren spezifischen Aufgaben den Status eines Referenzlaboratoriums für Herpesvirus-Infektionen (nachstehend Referenzlaboratorium genannt).

(2) Die fachliche, personelle und materielle Planung des Referenzlaboratoriums erfolgt im Rahmen des Volkswirtschaftsplanes der Medizinischen Akademie Erfurt. Der Direktor des Instituts für Medizinische Mikrobiologie der Medizinischen Akademie Erfurt ist dem Minister für Gesundheitswesen für die Durchführung der dem Referenzlaboratorium zugewiesenen Aufgaben verantwortlich. Die Zuordnung des Instituts für Medizinische Mikrobiologie der Medizinischen Akademie Erfurt und die Verantwortung des Direktors des Instituts gegenüber dem Rektor der Medizinischen Akademie Erfurt werden davon nicht berührt.

2.

Das Referenzlaboratorium überwacht im Auftrag des Ministeriums für Gesundheitswesen das Vorkommen und die Ausbreitung der durch Viren der Herpesgruppe (Herpes-simplex-Virus, Zytomegalievirus, Epstein-Barr-Virus) verursachten Infektionen in der Deutschen Demokratischen Republik, analysiert die Ergebnisse und gibt dem Ministerium Empfehlungen zur Verhütung und Bekämpfung dieser Virusinfektionen.

3.

(1) Das Referenzlaboratorium führt die fachliche Beratung und Anleitung der mikrobiologischen Laboratorien im Bereich des staatlichen Gesundheitswesens und des Ministeriums für Hoch- und Fachschulwesen bezüglich der Herpesvirus-Diagnostik durch und wertet die Untersuchungsergebnisse der genannten Laboratorien aus. Es ist federführend bei der Erarbeitung von Richtlinien für die Herpesvirus-Diagnostik sowie – in Zusammenarbeit mit dem Institut für Arzneimittelwesen der DDR – bei der Erarbeitung von Standardentwürfen für entsprechende diagnostische Laboratoriumsmethoden. Für den eigenen Bedarf hat es die erforderlichen Diagnostika bereitzuhalten.

(2) Zur Absicherung der Diagnostik kooperiert es mit dem Staatlichen Kontrollinstitut für Seren und Impfstoffe, den zuständigen Produktionsinstituten sowie den zuständigen Versorgungsorganen und nimmt im Einvernehmen mit dem Institut für Arzneimittelwesen der DDR Einfluß auf die Planung und Bereitstellung der Diagnostika.
(3) Das Referenzlaboratorium unterhält eine Stammsammlung der Herpesvirusgruppe und gibt auf Anforderung Prototypstämme sowie entsprechende tierische Immunseren ab. Es identifiziert und typisiert Viren der Herpesgruppe.

4.

Das Referenzlaboratorium erstattet dem Ministerium für Gesundheitswesen jährlich einen Bericht über die Lage auf seinem Fachgebiet. Das Referenzlaboratorium ist berechtigt, von den Bezirks-Hygieneinspektionen und -instituten, den mikrobiologischen Laboratorien aus dem Bereich des Ministeriums für Hoch- und Fachschulwesen und anderen Einrichtungen des Gesundheitswesens Informationen über Untersuchungsergebnisse einzuholen. Über besondere epidemiologische Gegebenheiten orientiert das Referenzlaboratorium das Ministerium für Gesundheitswesen anhand der vorliegenden Materialien.

5.

Das Referenzlaboratorium arbeitet im Rahmen der bestehenden Gesundheitsabkommen und gemäß den vom Ministerium für Gesundheitswesen festgelegten Aufgaben mit den entsprechenden Einrichtungen anderer, insbesondere sozialistischer Länder, zusammen. Es wertet die internationale Literatur auf dem Gebiet der Infektionen durch Viren der Herpesgruppe aus.

6.

Diese Anweisung tritt am 1. Juni 1978 in Kraft.

Anweisung über die Aufgaben und die Tätigkeit des Referenzlaboratoriums für Haushaltchemie
vom 7. Dezember 1977

(VuM MfGe 1978 Nr. 2 S. 11)

1.

(1) Die Inspektion Lebensmittel- und Ernährungshygiene der Bezirks-Hygieneinspektion Halle erhält zusätzlich zu ihren bezirksspezifischen Aufgaben die Stellung eines Referenzlaboratoriums für Haushaltchemie (nachstehend Referenzlaboratorium genannt).
(2) Die Erfüllung der Aufgaben erfolgt im Rahmen der der Bezirks-Hygieneinspektion Halle planmäßig zur Verfügung stehenden Arbeitskräfte und Mittel.
(3) Das Referenzlaboratorium arbeitet eng mit der Zentralen Lebensmittelhygienischen Untersuchungsstelle, dem Forschungsinstitut für Hygiene und Mikrobiologie, dem Wissenschaftlich-Technischen Zentrum für Arbeitsschutz, Arbeitshygiene und Toxikologie in der Chemischen Industrie und der *VVB Leichtchemie*[1]) zusammen.
(4) Das Referenzlaboratorium führt die Bezeichnung „Bezirks-Hygieneinspektion und -institut Halle, Referenzlaboratorium für Haushaltchemie".

2.

(1) Das Referenzlaboratorium ist die Leiteinrichtung des Gesundheitswesens auf dem Gebiet der toxikologisch-hygienischen Beurteilung und Kontrolle von Haushaltchemikalien.
(2) Das Referenzlaboratorium erarbeitet Grundsätze zur Überwachung des Verkehrs mit Haushaltchemikalien. Zur Sicherung des Gesundheitsschutzes der Bevölkerung unterstützt es die Industriebetriebe durch Anleitung und Beratung.
(3) Dem Referenzlaboratorium obliegt insbesondere

- die Erarbeitung und Weiterentwicklung von Methoden zur chemisch-toxikologischen und hygienischen Beurteilung von Haushaltchemikalien
- die Durchführung chemisch-toxikologischer Untersuchungen und gutachterliche Tätigkeit auf dem Gebiet der Haushaltchemikalien
- die Vorbereitung der Unterlagen für eine zentrale Genehmigung der Haushaltchemikalien und für die Erteilung von Zertifikaten durch das Ministerium für Gesundheitswesen
- die Anleitung der Bezirks-Hygieneinspektionen bei der Überwachung von Haushaltchemikalien
- die Abstimmung der Methoden und Grundsätze der toxikologisch-hygienischen Beurteilung von Haushaltchemikalien mit der UdSSR und den anderen sozialistischen Staaten

– die Unterstützung des Ministeriums für Gesundheitswesen in der internationalen Zusammenarbeit und bei der Vereinheitlichung der toxikologisch-hygienischen Methoden und Beurteilungsgrundsätze im Rahmen des RGW auf dem Gebiet der Haushaltchemikalien
– die Beobachtung und Auswertung internationaler Erfahrungen und Erkenntnisse toxikologisch-hygienischer Untersuchungen und Bewertung von Haushaltchemikalien.

(4) Der Minister für Gesundheitswesen kann dem Referenzlaboratorium weitere Aufgaben übertragen.

3.

Das Referenzlaboratorium arbeitet im Rahmen der bestehenden Gesundheitsabkommen und gemäß den vom Ministerium für Gesundheitswesen festgelegten Aufgaben mit entsprechenden Einrichtungen anderer Staaten, insbesondere der UdSSR und den anderen sozialistischen Staaten zusammen.

4.

Diese Anweisung tritt am 1. Januar 1978 in Kraft.

[1]) Jetzt: VEB Kombinat Haushaltchemie, Genthin.

Anweisung über die Aufgaben und die Tätigkeit des Referenzlaboratoriums für Bodenhygiene

vom 20. März 1978

(VuM MfGe Nr. 3 S. 17)

I.

1. Die Bezirks-Hygieneinspektion Potsdam erhält zusätzlich zu ihren bezirksspezifischen Aufgaben auf dem Gebiet der Bodenhygiene die Stellung eines Referenzlaboratoriums für Bodenhygiene der DDR (nachstehend Referenzlaboratorium genannt).

2. Das Referenzlaboratorium wird bei der Erfüllung bestimmter Aufgaben
   - auf dem Gebiet der Beseitigung und Verwertung von Klärschlamm und Fäkalien durch die Bezirks-Hygieneinspektion Cottbus
   - auf dem Gebiet des Einsatzes von Bewässerungswasser durch die Bezirks-Hygieneinspektion Dresden, Hygieneinstitut Bautzen
   - auf dem Gebiet der Gülleaufbereitung und -verwertung durch die Bezirks-Hygieneinspektion Halle
   - auf dem Gebiet der schadlosen Beseitigung von Siedlungsabfällen und Abprodukten durch die Bezirks-Hygieneinspektion Suhl

   unterstützt.
   Die Zusammenarbeit ist in Vereinbarungen zu regeln. Die Vereinbarungen werden nach Bestätigung durch den Haupthygieniker der DDR wirksam.

3. Die fachliche, personelle, finanzielle und materielle Planung des Referenzlaboratoriums und der unter Ziff. 2 genannten Einrichtungen erfolgt im Rahmen der Volkswirtschafts- und Haushaltspläne der aufgeführten Bezirks-Hygieneinspektionen.
   Der Bezirkshygieniker des Bezirkes Potsdam ist dem Minister für Gesundheitswesen für die Durchführung der dem Referenzlaboratorium übertragenen Aufgaben verantwortlich.

II.

1. Das Referenzlaboratorium bearbeitet toxikologische Aspekte der Bodenhygiene und erarbeitet hygienische Grundsätze für die Reinhaltung des Bodens und die Bewirtschaftung von Abprodukten der Produktion und Konsumtion.

2. Das Referenzlaboratorium erarbeitet methodische Grundlagen und einheitliche Arbeitsunterlagen für die Tätigkeit der Organe der Staatlichen Hygieneinspektion auf dem Gebiet der Bodenhygiene.

3. Das Referenzlaboratorium analysiert die Entwicklung der gesundheitsrelevanten Einflüsse im Arbeitsgebiet der Bodenhygiene und erarbeitet Vorschläge für die weitere Entwicklung der Bodenhygiene der DDR.
4. Das Referenzlaboratorium berät die Organe der Staatlichen Hygieneinspektion fachlich zu Fragen der Bodenhygiene und erarbeitet Stellungnahmen und Gutachten.
5. Das Referenzlaboratorium bearbeitet Standardisierungsaufgaben auf dem Gebiet der Bodenhygiene.
6. Das Referenzlaboratorium dokumentiert die nationale und internationale wissenschaftliche Literatur auf dem Gebiet der Bodenhygiene.
7. Der Minister für Gesundheitswesen kann dem Referenzlaboratorium weitere Aufgaben übertragen.

III.

1. Das Referenzlaboratorium erfaßt die durch die Organe der Staatlichen Hygieneinspektion gewonnenen bodenhygienischen Arbeitsergebnisse und führt die Dokumentation sowie Auswertung dieser Materialien durch.
2. Das Referenzlaboratorium ist berechtigt, von den Organen der Staatlichen Hygieneinspektion notwendige Unterlagen für die Arbeit gemäß Ziff. 1 anzufordern.
3. Das Referenzlaboratorium erarbeitet jährlich einen bodenhygienischen Situationsbericht für den Haupthygieniker der DDR.

IV.

1. Das Referenzlaboratorium arbeitet bei der Erfüllung seiner Aufgaben eng mit staatlichen Organen und Einrichtungen, anderen auf dem Gebiet der Hygiene tätigen Referenzlaboratorien, wissenschaftlichen Gesellschaften, insbesondere der Gesellschaft Allgemeine und Kommunale Hygiene der DDR sowie gesellschaftlichen Organisationen zusammen.
2. Das Referenzlaboratorium arbeitet im Rahmen bestehender Gesundheitsabkommen und gemäß den vom Ministerium für Gesundheitswesen festgelegten Aufgaben mit entsprechenden Einrichtungen anderer, insbesondere sozialistischer Länder, zusammen.

Verfügung über die Bildung, die Aufgaben und die Rechtsstellung der Bezirksinstitute für Veterinärwesen

vom 31. Mai 1973

(VuM MLFN Nr. 7 S. 35)

— Auszug —

1. Grundsätzliches

1.1. Die Veterinäruntersuchungs- und Tiergesundheitsämter sind unter Einbeziehung der Bezirkstierkliniken schrittweise bis zum 31. Dezember 1973 in Bezirksinstitute für Veterinärwesen (nachstehend Bezirksinstitute genannt) umzubilden.

...

1.2. Die Bezirksinstitute sind Rechtsnachfolger der Veterinäruntersuchungs- und Tiergesundheitsämter sowie der Bezirkstierkliniken.

2. Rechtliche Stellung

2.1. Die Bezirksinstitute sind als veterinärmedizinische Einrichtungen die wissenschaftlichen Zentren des Veterinärwesens der Bezirke.
Sie führen im Rechtsverkehr die Bezeichnung „Bezirksinstitut für Veterinärwesen" unter Hinzufügung des Namens des Bezirkes.

...

3. Aufgaben

3.1. Die Bezirksinstitute nehmen in enger Zusammenarbeit

- mit den LPG, GPG, VEG und deren zwischengenossenschaftlichen und zwischenbetrieblichen Einrichtungen, VEB KIM und sonstigen Betrieben und Einrichtungen der Land-, Forst- und Nahrungsgüterwirtschaft sowie
- mit den veterinärmedizinischen Fachorganen und Einrichtungen, insbesondere mit den veterinärmedizinischen Abteilungen in Anlagen der industriemäßigen Tierproduktion, staatlichen tierärztlichen Gemeinschaftspraxen, staatlichen Tierarztpraxen, anderen Einrichtungen des Veterinärwesens und Organen und Einrichtungen des Veterinärwesen und Organen und Einrichtungen des Gesundheitswesens

unmittelbar Einfluß auf die sozialistische Intensivierung und Erhöhung der Effektivität der Tierproduktion und die Produktion von Lebensmitteln und Rohstoffen tierischer Herkunft in hoher Qualität.

3.2. Die Bezirksinstitute entwickeln und organisieren zunehmend auf vertraglicher Grundlage die Zusammenarbeit mit den veterinärmedizinischen Abteilungen in Anlagen der industriemäßigen Tierproduktion, staatlichen tierärztlichen Gemeinschaftspraxen und staatlichen Tierarztpraxen und geben Unterstützung bei der

- Einführung neuer wissenschaftlicher Erkenntnisse und Erfahrungen auf dem Gebiet der angewandten Tierhygiene zur Förderung und Absicherung der industriemäßigen Tierproduktion
- Analysen- und Informationstätigkeit
- Klärung und Beseitigung produktionsmindernder Ursachen
- Durchführung diagnostischer Untersuchungen.

3.3. Den Bezirksinstituten obliegen insbesondere folgende Aufgaben:

- Unterstützung der LPG, GPG, VEG und deren zwischengenossenschaftlicher und zwischenbetrieblicher Einrichtungen, VEB KIM sowie sonstigen Betriebe und Einrichtungen der Land-, Forst- und Nahrungsgüterwirtschaft sowie der Bezirks- und Kreistierärzte bei der Erarbeitung und Durchsetzung wirksamer und durchgängiger Maßnahmen der Tierhygiene in den Produktionsstufen entsprechend dem Produkt und der dazu gehörenden Technologie;
- Mitarbeit bei der wissenschaftlichen Vorbereitung, Betreuung und Kontrolle industriemäßiger Anlagen der Tierproduktion;
- Durchführung und wissenschaftliche Auswertung diagnostischer Untersuchungen als Grundlage der veterinärmedizinischen Produktionskontrolle sowie zur Feststellung von Tierseuchen, Parasitosen und anderen besonderen Gefahren für die Tierbestände;
- Vorbereitung von Leitungsentscheidungen, insbesondere zur Sicherung der planmäßigen Produktion und der erweiterten Reproduktion sowie zur ständigen Steigerung der Produktivität und Effektivität der Tierproduktion;
- Erarbeitung von Plänen und Programmen zur Prophylaxe und zur Bekämpfung von Tierseuchen, Parasitosen und leistungsmindernder Faktoren sowie Mitwirkung bei deren Durchsetzung mit dem Ziel, zur Führung eines energischen Kampfes gegen Produktionsausfälle durch Tierverluste und Seuchen beizutragen;
- Durchführung operativer Schwerpunktaufgaben auf Weisung übergeordneter staatlicher Organe und in Abstimmung mit den veterinärmedizinischen Fachorganen;
- Durchsetzung veterinärhygienischer Erfordernisse und Normen bei der Projektierung und Rationalisierung von Tierproduktionsanlagen;
- wissenschaftliche Anleitung der Tierärztespezialisten im Territorium;
- Durchführung des Vatertiergesundheitsdienstes insbesondere in den Einrichtungen der VVB Tierzucht;
- stationäre und poliklinische Behandlung von Zucht-, Nutz- und Kleintieren;
- mikrobiologische, serologische, parasitologische, histologische und organoleptische Untersuchungen von Tieren und Tierkörpern, Teilen von Tierkörpern und Lebensmitteln tierischer Herkunft zum Schutze der Gesundheit des Menschen und zur Sicherung der geforderten Qualität der Lebensmittel;

- mikrobiologische und toxikologische Untersuchung von Futtermitteln;
- Durchführung praxisbezogener Forschungsarbeiten;
- Wahrnehmung tierärztlicher Aufgaben auf dem Gebiet der Zivilverteidigung;
- Mitwirkung bei der Ausbildung der Studierenden der veterinärmedizinischen Hoch- und Fachschulen während der Praktika bzw. Ableistung der Pflichtassistentenzeit der Tierärzte;
- Führung einer nichtöffentlichen tierärztlichen Apotheke.

3.4. Die Bezirksinstitute unterstützen die Wissenschaftliche Gesellschaft für Veterinärmedizin der Deutschen Demokratischen Republik, die Agrarwissenschaftliche Gesellschaft der Deutschen Demokratischen Republik, die URANIA und andere Organisationen und Einrichtungen bei der Qualifizierung von Kadern der Land-, Forst- und Nahrungsgüterwirtschaft.

3.5. Der Leiter des Veterinärwesens des Ministeriums für Land-, Forst- und Nahrungsgüterwirtschaft kann im Einvernehmen mit den Produktionsleitern für Landwirtschaft und Nahrungsgüterwirtschaft der Bezirke den Bezirksinstituten Aufgaben für die Bearbeitung veterinärmedizinischer Fachgebiete übertragen.

4. Leitung

4.1. Die Bezirksinstitute werden von Direktoren nach dem Prinzip der Einzelleitung und der persönlichen Verantwortung geleitet. Die Direktoren sind für die politische, wissenschaftliche und ökonomische Tätigkeit der Bezirksinstitute verantwortlich und den Produktionsleitern für Landwirtschaft und Nahrungsgüterwirtschaft der Bezirke und in deren Auftrag den Bezirkstierärzten rechenschaftspflichtig.

...

4.2. Alle mit der Leitung von Bereichen, Abteilungen und Fachgebieten beauftragten Mitarbeiter der Bezirksinstitute sind für die Erfüllung der Aufgaben in ihrem Leitungsbereich persönlich verantwortlich.

...

Anordnung über das Statut der Zentralen Begutachtungskommission für Medizintechnik

vom 6. September 1967

(GBl. II Nr. 86 S. 643)

Im Einvernehmen mit den zuständigen zentralen staatlichen Organen wird folgendes angeordnet:

§ 1

(1) Beim Ministerium für Gesundheitswesen wird die Zentrale Begutachtungskommission für Medizintechnik gebildet.
(2) Das Statut der Zentralen Begutachtungskommission für Medizintechnik (Anlage) wird hiermit für verbindlich erklärt.
(3) Die Funktionen und Tätigkeiten der Zentralen Begutachtungskommission für Medizintechnik berühren nicht die *Verordnung vom 5. Dezember 1963 über die Technische Kontrollorganisation in den volkseigenen Produktionsbetrieben und die Verbesserung der Qualität industrieller Erzeugnisse — TKO-Verordnung — (GBl. II S. 881)*[1]) sowie die *Anordnung vom 5. Dezember 1963 über die Arbeit der Gutachterausschüsse auf dem Gebiet der Material- und Warenprüfung (GBl. II S. 885)*.

§ 2

Diese Anordnung tritt am 1. Oktober 1967 in Kraft.

Anlage

zu vorstehender Anordnung

Statut der Zentralen Begutachtungskommission für Medizintechnik

§ 1

Stellung der Zentralen Begutachtungskommission für Medizintechnik

(1) Die Zentrale Begutachtungskommission für Medizintechnik (im folgenden Zentrale Begutachtungskommission genannt) ist ein beratendes und unterstützendes Organ des Ministers für Gesundheitswesen und des *Vorsitzenden des Landwirtschaftsrates der Deutschen Demokratischen Republik*[3]) zu Fragen der Entwicklung, des wissenschaftlich-technischen Fortschritts und des klinischen Einsatzes medizintechnischer Erzeugnisse.
(2) Die Zentrale Begutachtungskommission untersteht dem Minister für Gesundheitswesen.

§ 2

Aufgaben

(1) Die Zentrale Begutachtungskommission hat im Rahmen der Verantwortlichkeit des Ministers für Gesundheitswesen im Einvernehmen mit dem *Vorsitzenden des Landwirtschaftsrates der Deutschen Demokratischen Republik*[3]) nach den Erfordernissen des sozialistischen Gesundheitsschutzes und des Veterinärwesens insbesondere folgende Aufgaben:

a) Veranlassung von klinischen Begutachtungen über Instrumente, Geräte, Vorrichtungen und sanitäre Hilfsmittel (medizintechnische Erzeugnisse) nach Vorlage der Gutachten durch das *DAMW*[4]) über die Einhaltung der Sicherheitsbestimmungen;
b) Begutachtung von Vorschlägen und Abgabe von Empfehlungen für die Eintragung bzw. Löschung von Erzeugnissen im Register für medizintechnische Erzeugnisse.

(2) Der Minister für Gesundheitswesen kann gegebenenfalls im Einvernehmen mit dem *Vorsitzenden des Landwirtschaftsrates der Deutschen Demokratischen Republik*[3]) die Zentrale Begutachtungskommission mit weiteren Aufgaben betrauen.

§ 3

Zusammensetzung

(1) Die Zentrale Begutachtungskommission setzt sich aus verantwortlichen Vertretern der medizinischen Wissenschaft und Praxis sowie aus Vertretern der Wirtschaft und zentraler staatlicher Organe zusammen.
(2) Die Mitglieder der Zentralen Begutachtungskommission werden auf Vorschlag der für sie zuständigen Organe oder Einrichtungen durch den Minister für Gesundheitswesen im Einvernehmen mit dem *Vorsitzenden des Landwirtschaftsrates der Deutschen Demokratischen Republik*[3]) für die Zeit von jeweils 3 Jahren benannt. Die Zentrale Begutachtungskommission soll folgende Zusammensetzung haben:

a) der Vorsitzende
b) der Stellvertreter des Vorsitzenden
c) der Leiter des Büros der Zentralen Begutachtungskommission beim Staatlichen Versorgungskontor für Pharmazie und Medizintechnik als Sekretär
d) ein Mitarbeiter des *Landwirtschaftsrates der Deutschen Demokratischen Republik*[5])
e) Mediziner und Techniker aus den *Wissenschaftlich-Technischen Beiräten der VVB/WTZ*[6]) und den *Problemkommissionen des Rates für Planung und Koordinierung der medizinischen Wissenschaft*[7]) beim Ministerium für Gesundheitswesen
f) ein Mitarbeiter des Ministeriums für Hoch- und Fachschulwesen
g) zwei Mitarbeiter des *Deutschen Amtes für Meßwesen und Warenprüfung*[4])
h) ein Mitarbeiter des Medizinischen Dienstes der Nationalen Volksarmee
i) ein Mitarbeiter des Staatlichen Versorgungskontors für Pharmazie und Medizintechnik

k) ein Mitarbeiter der Deutschen Ex- und Importgesellschaft m. b. H. Feinmechanik-Optik
l) ein Mitarbeiter des Instituts für Technologie der Gesundheitsbauten
m) ein Mitarbeiter der *VVB Mechanik*[6])
n) ein Mitarbeiter der *VVB Hochspannungsgeräte*[6])
o) ein Mitarbeiter der *VVB Nachrichten- und Meßtechnik*[6])
p) ein Mitarbeiter der *VVB Plastverarbeitung*[6])
r) ein Mitarbeiter des Wissenschaftlich-Technischen Zentrums Radiologische Technik und Medizinische Elektronik.

(3) Zur Erörterung besonderer Fragen können zu den Sitzungen Fachvertreter hinzugezogen werden, die nicht Mitglied der Zentralen Begutachtungskommission sind.
(4) Die Arbeit der Mitglieder der Zentralen Begutachtungskommission ist Bestandteil ihrer dienstlichen Tätigkeit.

§ 4

Vorstand

(1) Innerhalb der Zentralen Begutachtungskommission wird ein Vorstand gebildet. Dem Vorstand gehören als Mitglieder an:

a) der Vorsitzende
b) der Stellvertreter des Vorsitzenden
c) der Leiter des Büros der Zentralen Begutachtungskommission beim Staatlichen Versorgungskontor für Pharmazie und Medizintechnik als Sekretär
d) ein Mitarbeiter des *Landwirtschaftsrates der Deutschen Demokratischen Republik*[5])
e) ein Mitarbeiter des Staatlichen Versorgungskontors für Pharmazie und Medizintechnik
f) ein Mitarbeiter der *VVB Mechanik*[6])
g) ein Mitarbeiter der *VVB Hochspannungsgeräte*[6])
h) ein Mitarbeiter des *Deutschen Amtes für Meßwesen und Warenprüfung*[4]).

(2) Zur Erörterung besonderer Fragen können zu den Sitzungen Fachvertreter hinzugezogen werden, die nicht Mitglied des Vorstandes sind.

§ 5

Büro

(1) Die Zentrale Begutachtungskommission hat ein Büro, dessen Aufgaben durch das Staatliche Versorgungskontor für Pharmazie und Medizintechnik wahrgenommen werden. Der Leiter des Büros ist der Sekretär der Zentralen Begutachtungskommission.
(2) Der Sekretär ist für die ordnungsgemäße Vorbereitung der Sitzungen des Vorstandes verantwortlich. Er bereitet auf Grund der Empfehlungen des Vorstandes die Sitzungen der Zentralen Begutachtungskommission vor.

Dem Sekretär obliegen:

Führung des Schriftwechsels der Zentralen Begutachtungskommission
organisatorische Vorbereitung und Durchführung der Sitzungen Protokollführung
Kontrolle der Durchführung der Beschlüsse.

§ 6

Arbeitsweise

(1) Zur Erfüllung ihrer Aufgaben arbeitet die Zentrale Begutachtungskommission mit den zentralen wissenschaftlichen Gremien des *Rates für Planung und Koordinierung der medizinischen Wissenschaft*[7]) beim Ministerium für Gesundheitswesen zusammen.
(2) Der Vorstand tritt mindestens einmal im Quartal zusammen. Aus besonderen Anlässen finden auch außerordentliche Sitzungen statt.
(3) Ordentliche Sitzungen der Zentralen Begutachtungskommission finden einmal im Quartal statt. Aus besonderen Anlässen finden auch außerordentliche Sitzungen statt.
(4) Die Einladungen für die Sitzungen der Zentralen Begutachtungskommission sowie des Vorstandes sind den Mitgliedern schriftlich unter Beifügung der Tagesordnung rechtzeitig zuzusenden. Ist durch das jeweilige Mitglied der Zentralen Begutachtungskommission eine Teilnahme an der Sitzung nicht möglich, so ist das Sekretariat rechtzeitig zu informieren.
(5) Der Vorsitzende beruft den Vorstand bzw. die Zentrale Begutachtungskommission ein und leitet die Sitzungen.
(6) Über die gefaßten Beschlüsse ist ein Protokoll anzufertigen. Je ein Exemplar ist sowohl dem Ministerium für Gesundheitswesen und dem *Landwirtschaftsrat der Deutschen Demokratischen Republik*[5]) als auch jedem Mitglied des Vorstandes bzw. der Zentralen Begutachtungskommission zur Information zu übermitteln.
(7) Die den Mitgliedern in Ausübung ihrer Tätigkeit übergebenen Schriftstücke und Zeichnungen unterliegen hinsichtlich der Aufbewahrung und Mitführung den geltenden gesetzlichen Bestimmungen.

§ 7

Ausschluß der Öffentlichkeit

(1) Sitzungen der Zentralen Begutachtungskommission und ihres Vorstandes sind nicht öffentlich.
(2) Aus dem Protokoll jeder Sitzung der Zentralen Begutachtungskommission hat der Sekretär einen gekürzten Bericht in den einschlägigen Fachzeitschriften zu veröffentlichen. Der Bericht ist vor dem Vorstand zur Bestätigung vorzulegen.

§ 8

Pflicht zur Verschwiegenheit

(1) Im Rahmen der Tätigkeit in der Zentralen Begutachtungskommission besteht Dienstverschwiegenheit über alle zur Kenntnis gelangten Vorgänge, auch nach Beendigung der Mitgliedschaft bzw. Tätigkeit.

(2) Wissenschaftliche Veröffentlichungen, in denen Kenntnisse aus der Mitarbeit in der Zentralen Begutachtungskommission verwendet werden, bedürfen nach Abstimmung mit der jeweiligen *VVB*[6]) der Zustimmung des Ministeriums für Gesundheitswesen und, soweit Belange der Veterinärmedizin berührt werden, der Zustimmung des *Landwirtschaftsrates der Deutschen Demokratischen Republik*[5]).

[1]) Z. Z. gilt die VO über die Entwicklung und Sicherung der Qualität der Erzeugnisse vom 17. 4. 1980 (GBl. I Nr. 14 S. 117).

[2]) Aufgehoben

[3]) Jetzt: Minister für Land-, Forst- und Nahrungsgüterwirtschaft.

[4]) Jetzt: Amt für Standardisierung, Meßwesen und Warenprüfung (DDR).

[5]) Jetzt: Ministerium für Land-, Forst- und Nahrungsgüterwirtschaft.

[6]) Zwischenzeitlich erfolgte im Zuge der Bildung von Kombinaten eine Auflösung der VVB.

[7]) Jetzt: Rat für medizinische Wissenschaft.

Mitteilung über die Verbindlichkeit von Preismitteilungen
vom 5. Juli 1978

(VuM MfGe Nr. 6 S. 52)

Preise für Arzneimittel, den Arzneimitteln gleichgestellte und andere spezifische Erzeugnisse, die in den „Organisationsinformationen" des Staatlichen Versorgungskontors für Pharmazie und Medizintechnik als „Preismitteilungen" bekanntgemacht werden, haben für die Einrichtungen des Apothekenwesens sowie für die Versorgungsdepots für Pharmazie und Medizintechnik vom dort angegebenen Zeitpunkt an verbindlichen Charakter.

Richtlinie für die Durchführung der bakteriologischen Untersuchungen bei Tuberkulose und Tuberkuloseverdacht

vom 24. Januar 1973

(VuM MfGe Nr. 4 S. 50)

i. d. F. der

Richtlinie Nr. 2 für die Durchführung der bakteriologischen Untersuchungen bei Tuberkulose und Tuberkuloseverdacht

vom 23. Februar 1976

(VuM MfGe Nr. 4 S. 20)

— Auszug —

Zur Vereinheitlichung der Methodik und der Bewertung ist für bakteriologische Untersuchungen bei Tuberkulose und Tuberkuloseverdacht nachstehende Richtlinie verbindlich:

1.[1]) Für die Einsendung von Untersuchungsproben zum Mykobakterien-Nachweis ist als Begleitschein

- bei erforderlicher mikroskopischer und kultureller Untersuchung ein dreiteiliger Schein (zum Durchschreiben)
- bei alleiniger Untersuchung mit dem Kulturverfahren ein zweiteiliger Schein (zum Durchschreiben)

zu benutzen.
Der dreiteilige Schein ist unter der Bestellnummer 4670, der zweiteilige Schein unter der Bestellnummer 46701 beim Vordruckverlag Dresden, 8023 Dresden, Leipziger Straße 112, zu beziehen.

2. **Nachweis säurefester Stäbchen durch mikroskopische Untersuchung**

Bei Verdacht auf Neuerkrankung (Neuzugang oder Rückfall) ist die mikroskopische Untersuchung unbedingt erforderlich. Die alleinige mikroskopische Untersuchung gilt nicht als ausreichend. Es sollten jedoch mindestens 10% der mit dem Kulturverfahren untersuchten Proben auch mikroskopisch geprüft werden, um eine Kontrollmöglichkeit für die sachgemäße Ausführung des Kulturverfahrens zu haben. Bei positivem

Ausfall der mikroskopischen Untersuchung ist das Ergebnis quantitativ anzugeben. Hierbei ist einheitlich folgendes Bewertungsschema zu benutzen:

1 bzw. 2 Stäbchen im Präparat:	1 Stb. bzw. 2 Stb.
3 bis 10 Stäbchen im Präparat:	+
mehr als 10 Stäbchen im Präparat:	++
annähernd 10 oder mehr Stäbchen in jedem Gesichtsfeld:	+++

Das Untersuchungsverfahren (Ziehl-Neelsen bzw. Fluoreszenz) ist zu vermerken. Bei Nichtausführung einer mikroskopischen Untersuchung ist das 3. Blatt des Begleitscheines als Empfangsbestätigung zu verwenden und mit dem Stempelaufdruck

„Eingangsbestätigung
(nicht mikroskopisch untersucht)"

nach Eintragung von Eingangsdatum und Kultur-Nummer unverzüglich an den Einsender zu schicken.

3. **Mykobakterien-Nachweis im Kulturverfahren**[2])

Alle Materialien sind mit dem Kulturverfahren zu untersuchen. Für die Abtötung der Begleitflora (Vorbehandlung für die Kultur) ist das im DAB angegebene Verfahren (Nekal BX-Langzeitmethode) verbindlich.
Von jedem Material sind mindestens zwei Röhrchen mit festem Nährboden zu beimpfen, und zwar

1 Röhrchen Ei-Nährboden nach OGAWA (mit Glyzerin) und
1 Röhrchen Eigelb-Nährboden mit „Salzlösung 333" (ohne Glyzerin).

Gebrauchsfertige Nährböden werden vom VEB Sächsisches Serumwerk, Werk Oelzschau, hergestellt und geliefert.
Die Röhrchen sind für mindestens 9 Wochen zu bebrüten.
Von dem Ergebnis des Mykobakterien-Nachweises ist der Einsender zu benachrichtigen. Der Originalbegleitschein verbleibt im Laboratorium. Die Nachricht soll spätestens nach 6 Wochen erfolgen. Erweist sich eine Kultur erst bei verlängerter Bebrütung über 6 Wochen hinaus als positiv, so ist ein zweite Nachricht zu geben.[3])
Das Ergebnis der Kultur ist bei positivem Ausfall quantitativ anzugeben. Hierbei ist einheitlich folgendes Bewertungsschema zu benutzen:

Befund:	Mitteilung:
auf dem stärker bewachsenen Röhrchen 1 bis 9 Einzelkolonien, Koloniezahl (n) wird angegeben	(+) n

Befund:	Mitteilung:
auf dem stärker bewachsenen Röhrchen 10 bis 20 Kolonien	+
auf dem stärker bewachsenen Röhrchen 21 bis ca. 200 Kolonien	++
auf dem stärker bewachsenen Röhrchen aufgelockerter Rasen	+++
auf dem stärker bewachsenen Röhrchen geschlossener Rasen	++++

4. **Resistenzbestimmung (Sensibilitätsprüfung)**

Alle positiven Kulturen sind zusammen mit dem im oberen Teil ausgefüllten Befundschein für Resistenzbestimmungen[4]) an das zuständige Resistenzlaboratorium zu schicken:

Resistenzlaboratorium	zuständig für die Bezirke
Forschungsinstitut für Lungenkrankheiten und Tuberkulose Berlin-Buch	Rostock Neubrandenburg Berlin Potsdam
Zentralklinik für Lungenkrankheiten und Tuberkulose Bad Berka	Erfurt Gera Suhl
Bezirkskrankenhaus für Lungenkrankheiten und Tuberkulose Coswig	Dresden Karl-Marx-Stadt
Bezirkskrankenhaus für Lungenkrankheiten und Tuberkulose Kolkwitz	Cottbus Frankfurt/O
Bezirkskrankenhaus für Lungenkrankheiten (Robert-Koch-Klinik) Leipzig	Leipzig Halle
Bezirkskrankenhaus für Lungenkrankheiten und Tuberkulose Lostau	Magdeburg Schwerin

Resistenzbestimmungen werden von ein bis zwei positiven Kulturen durchgeführt bei:

- Ersterkrankungen
- Wiedererkrankungen
- Patienten mit Bakterienausscheidung nach 3-monatiger Chemotherapie
- Chronikern vor erneuter Therapie

Alle anderen positiven Kulturen werden im Resistenzlaboratorium subkultiviert und der Niacintest durchgeführt.
Resistenzbestimmungen sind gründsätzlich durchzuführen gegenüber Isoniazid (INH), Streptomycin, Paraaminosalizylsäure (PAS), Ethionamid und Ethambutol; bei Wiedererkrankungen, Therapieversagern und Chronikern außerdem gegenüber Rifampicin, Cycloserin, Capreomycin, Kanamycin und Pyrazinamid. Bei jeder Sensibilitätsprüfung sind die Katalasereaktion und der Niacintest auszuführen.
Als Methodik für die Durchführung der Resistenzbestimmungen ist ab 1. Juli 1973 der „economical test" (Proportionsmethode) verbindlich.
Vom Ergebnis der Sensibilitätsprüfung ist der Einsender zu benachrichtigen. Eine Durchschrift der Benachrichtigung verbleibt im Resistenzlaboratorium.
Ein medikamentfreies Röhrchen jedes Versuchsansatzes bzw. eine Subkultur ist für mindestens 3 Monate im Kühlschrank aufzubewahren.

5. Artbestimmung

Bei positivem Ausfall des Niacintestes ist der Stamm als Mycobacterium tuberculosis (Typus humanus) zu deklarieren. Bei negativem Ausfall des Testes ist derselbe mit einer Subkultur des Stammes zu wiederholen. Fällt auch diese Prüfung negativ aus, so sind weitere Untersuchungen zur Klärung der Artzugehörigkeit erforderlich. Bei Verdacht auf Mycobacterium bovis (Typus bovinus) erfolgt die Differenzierung mit invitro-Methoden in den o. g. Resistenzlaboratorien.
Negative Niacinteste sind dem Einsender nicht mitzuteilen. Es ist nur ein Zwischenbescheid zu geben:

„Ergebnis der Artbestimmung folgt"[4]).

Besteht der Verdacht auf das Vorliegen andersartiger (atypischer) Mykobakterien und kommen diese als Erreger einer Erkrankung beim Menschen in Betracht[5]), so ist der Stamm an das Forschungsinstitut für Lungenkrankheiten und Tuberkulose, Bakteriologisch-serologische Abteilung, 1115 Berlin-Buch, Karower Str. 11, einzusenden.
Bei der Einsendung von Mykobakterienstämmen ist in jedem Falle eine Abschrift des Ergebnisses der durchgeführten Sensibilitätsprüfung[4]) mitzuschicken.

6. Registrierung und Meldung positiver Befunde

In jeder bakteriologischen Untersuchungsstelle ist eine Kartei aller Personen zu führen, bei denen positive Untersuchungsbefunde ermittelt wurden (Positiven-Kartei)[6]). Auf dieser Karteikarte sind sämtliche positiven Befunde bei dem betreffenden Kranken laufend einzutragen. Die Karteikarten sind bis zum Ablauf von 5 Jahren nach der letzten Eintragung eines positiven Befundes in der Kartei zu belassen und anschließend zu archivieren.

Bei erstmaligem Nachweis säurefester Stäbchen (mikroskopisch) bei einem Kranken ist – unabhängig davon, ob ein positiver Befund bereits an anderer Stelle erhoben wurde und eine entsprechende Meldung bereits von dort erfolgte oder nicht – eine Meldung an die für den ständigen Wohnsitz des Kranken zuständige Kreisstelle für Tuberkulose und Lungenkrankheiten zu erstatten.
In gleicher Weise ist der erstmalige Nachweis von Tuberkelbakterien oder andersartigen Mykobakterien im Kulturverfahren oder im Tierversuch vom Anzüchtungslaboratorium an die Kreisstelle für Tuberkulose und Lungenkrankheiten mitzuteilen. Die Meldung über erstmalig positiven Ausfall von Kultur und/oder Tierversuch ist auf jeden Fall zu erstatten, unabhängig davon, ob zuvor schon ein mikroskopischer Nachweis von säurefesten Stäbchen gemeldet wurde oder nicht.
Die Erstattung der nach § 14 Abs. 1 der Verordnung vom 26. Oktober 1961 zur Verhütung und Bekämpfung der Tuberkulose (GBl. II Nr. 80 S. 509) vorgeschriebenen Meldungen[7]) an die für den ständigen Wohnsitz des Kranken zuständige Kreisstelle für Tuberkulose und Lungenkrankheiten ist in der Positiven-Kartei zu vermerken. Diese Meldungen sind nicht erforderlich, wenn die für den ständigen Wohnsitz des Kranken zuständige Kreisstelle für Tuberkulose die Einsendung selbst vorgenommen hatte.

7. Fachliche Anleitung und Kontrolle der Untersuchungen

Die Richtlinie vom 29. Januar 1969 für die Durchführung der bakteriologischen Untersuchungen bei Tuberkulose und Tuberkuloseverdacht (Verf. u. Mitt. Nr. 4/5 S. 14) wird aufgehoben.

[1]) Geändert durch die Richtlinie Nr. 2 vom 23. Februar 1976.

[2]) S. a. DAB 7, Bd. Diagnostische Laboratoriumsmethoden.

[3]) Vordruck-Nr. 4675, Vordruck-Verlag Freiberg, Absatzaußenstelle Dresden.
(auf Wunsch des Beziehers wird bei größeren Bestellungen die Bezeichnung des jeweiligen Laboratoriums in der linken oberen Ecke aufgedruckt)

[4]) Vordruck-Verlag Freiberg, Absatzaußenstelle Dresden.

[5]) 11. DB vom 1. 4. 1970 zur Verordnung zur Verhütung und Bekämpfung der Tuberkulose – Erkrankungen durch andersartige Mykobakterien – (GBl. II Nr. 39 S. 293).

[6]) Karteikarten Vordruck-Nr. 4672 Vordruck-Verlag Freiberg, Absatzaußenstelle Dresden.

Anweisung Nr. 21/68 des Ministers des Innern und Chefs der Deutschen Volkspolizei über den Verfahrensweg bei der Anordnung der Entnahme von Blutproben zur Blutalkoholbestimmung

vom 30. Mai 1968

(VuM MfGe Nr. 5 S. 38)

— Auszug —

Zur Gewährleistung einer strengen Ordnung bei der Blutentnahme zur Blutalkoholbestimmung

weise ich an:

1. Die Entnahme von Blutproben zum Zwecke der Blutalkoholuntersuchung ist anzuordnen,
   a) wenn für die zu untersuchende Straftat oder Ordnungswidrigkeit im Verkehrswesen die Feststellung der alkoholischen Beeinflussung beweiserheblich ist. Das trifft insbesondere bei Verdacht der Erfüllung des Tatbestandes der Verkehrsgefährdung durch Trunkenheit und beim Führen eines Fahrzeuges unter Einwirkung von Alkohol zu;
   b) beim Verdacht der Erfüllung anderer Straftatbestände, wenn der Grad der alkoholischen Beeinflussung zur Beurteilung der Zurechnungsfähigkeit des Täters festgestellt werden muß;
   c) wenn der Verdächtige ausdrücklich darum ersucht und das Ergebnis der Blutalkoholbestimmung beweiserheblich sein kann.

2. Voraussetzungen für die Entnahme von Blutproben sind
   a) positive Probe mit Atemalkoholprüfröhrchen (unabhängig von der Intensität und Höhe der verfärbten Schicht);
   b) offensichtliche Zeichen der alkoholischen Beeinflussung;
   c) angegebener Alkoholgenuß.

3. Sind die Bedingungen gemäß Ziffer 1 gegeben und liegen die Voraussetzungen gemäß Ziffer 2 vor, so ist die Blutentnahme von den dazu berechtigten VP-Angehörigen anzuordnen. Die gesetzliche Grundlage für die Entnahme von Blutproben bilden § 44 StPO und § 24 Abs. 5 OWG. Die gesetzliche Grundlage für die Durchführung der Entnahme von Blutproben auf Ersuchen des Beschuldigten bildet der § 105 Abs. 4 StPO.

4. Die Blutentnahme ist prinzipiell so schnell wie möglich anzuordnen und durchzuführen. Erfolgt sie jedoch früher als $1^1/_2$ Stunden nach Abschluß des Alkoholgenusses, so ist dies dem untersuchenden Arzt mitzuteilen, damit dieser eine notwendige zweite bzw. dritte Entnahme durchführt.

5. Der Verdächtige ist durch Angehörige der Volkspolizei zur Blutentnahme vorzuführen.

6. Die Blutentnahme soll von einem Arzt und nicht durch ärztliches Hilfspersonal vorgenommen werden. Zur Durchführung der Blutentnahme sind alle Ärzte gemäß der §§ 39 Abs. 3 und 41 Abs. 2 StPO verpflichtet. Es ist jedoch zweckmäßig, Ärzte von VP-Krankenhäusern, Polikliniken oder sonstigen staatlichen oder städtischen Einrichtungen des Gesundheitswesens bevorzugt damit zu beauftragen.

7. (1) Die Blutentnahme und das Füllen des dafür vorgesehenen Punktionsröhrchens ist in Anwesenheit der vorführenden Angehörigen der Volkspolizei vorzunehmen. Nur in besonders begründeten Ausnahmefällen dürfen behelfsmäßige Glasröhrchen bzw. bei sehr unruhigen Patienten Kapillaren zur Blutentnahme benutzt werden. Bei der Verwendung von Glasröhrchen ist besonders darauf zu achten, daß diese vorher entsprechend sterilisiert werden.
(2) Die vorführenden Angehörigen der Volkspolizei sind weiterhin dafür verantwortlich, daß die Personalien des Verdächtigen, der Beginn des Alkoholgenusses, Menge und Art des genossenen Alkohols, Ende des Alkoholgenusses, Art und Zeitpunkt des Deliktes und die Zeit der Blutentnahme auf dem Protokoll vermerkt werden.

8. Die Blutentnahme geschieht nach den auf dem „Protokoll für die Alkoholbestimmung im Blut" festgelegten Vorschriften. Zur Desinfektion der Haut bei der Blutentnahme darf nur Sublimat oder Oxycyanat[1]) benutzt werden. Der Arzt hat durch seine Unterschrift zu bestätigen, daß keine anderen Mittel benutzt wurden.

9. (1) Zur Sicherung der Identität hat der bei der Blutentnahme anwesende Angehörige der Volkspolizei dafür zu sorgen, daß Punktionsröhrchen und Protokoll entsprechend den örtlichen Vorschriften für die Wahrung der Identität behandelt werden. Soweit keine fortlaufende Numerierung dieser Behältnisse erfolgt, sind Punktionsröhrchen mit einem Etikett zu versehen, das Name, Vorname, Geburtsdatum und Blutentnahmezeit enthalten muß. Das so gekennzeichnete Glasbehältnis ist zu verschließen und bruchsicher zu verpacken.
(2) Sowohl das verschlossene Behältnis als auch das Untersuchungsprotokoll, das in einem Umschlag beizufügen ist, sind mit dem Namen des Untersuchten und dem Aktenzeichen des Vorganges zu versehen und dem vorführenden Angehörigen der Volkspolizei zu übergeben; es sei denn, die Blutalkoholbestimmung wird in dem gleichen Institut vorgenommen, in dem auch die Blutprobe entnommen wurde.

11. (1) Die Ärzte sind verpflichtet, außer der Blutentnahme eine klinische Untersuchung des Verdächtigen vorzunehmen, um den Grad der alkoholischen Beeinflussung zu beurteilen.
(2) Dem untersuchenden Arzt sind in jedem Fall die näheren Umstände des Vorkommnisses und der Feststellung mitzuteilen. Bei Verkehrsdelikten gehören dazu u. a. die Art des Fahrzeuges, die Verkehrssituation zum Zeitpunkt der Tat, die Straßen- und Sichtverhältnisse sowie Angaben zum Verhalten des Verdächtigen vor

und während der Kontrolle und der Zuführung. Es ist darauf zu achten, daß das Ergebnis der klinischen Untersuchung durch den Arzt protokolliert wird.

12. Für Blutalkoholbestimmungen sind das Krankenhaus der Volkspolizei Berlin, die gerichtsmedizinischen und andere benannte Institute zuständig.

13. Die Bezahlung der durch die körperliche Untersuchung einschließlich der für die Entnahme und Untersuchung von Blutproben entstehenden Kosten erfolgt durch die die Untersuchung anordnende Volkspolizei-Dienststelle.

16. Diese Anweisung tritt am 1. Juli 1968 in Kraft. Gleichzeitig wird die Dienstanweisung Nr. 5/58 des Leiters der Hauptverwaltung Deutsche Volkspolizei außer Kraft gesetzt.

[1]) Durch eine 1. Änderung der Anweisung vom 5. Juli 1978, bekanntgemacht in VuM MfG Nr. 7 S. 66 1978, sind die Worte „oder Oxycyanat" ersatzlos zu streichen.

Richtlinie zur Infektionsverhütung von Tollwut

vom 30. März 1971

(VuM MfGe Nr. 8 S. 28)

1. Allgemeine Charakteristik

Die Tollwut ist eine akute, virusbedingte Erkrankung des Zentralnervensystems. Sie wird über virushaltige Speichel zwischen Tieren, insbesondere Fleischfressern, übertragen. Das Virus wird in gleicher Weise auf den Menschen übertragen und führt nach Ausbruch der Erkrankung stets zu einer tödlich endenden Meningoencephalomyelitis.

1.1. Infektionsreservoir und Infektionsquelle:

Alle warmblütigen Haus- und Wildtiere, insbesondere Hund, Katze, Fuchs, Dachs und Marder.

1.2. Übertragungsweg:

- Vorwiegend durch Beißen, Kratzen und Belecken, aber auch indirekt über virusverunreinigte Gegenstände;
- durch sonstige Haustiere bei Behandlungsversuchen, beim Schlachten oder bei Sektionen über Kontakt mit Speichel bzw. Gehirngewebe;
- durch Wildtiere beim Aufbrechen, Zerlegen oder beim Abbalgen sowie bei der Gewinnung von Trophäen.

Die Übertragung von Mensch zu Mensch ist selten; sie kann bei der Krankenpflege über Speichel und Liquor sowie bei Sektionen erfolgen.
Inkubationszeit bei Erkrankung des Menschen 22 bis 100 Tage (seltener 6 Tage bis 1 Jahr). Verkürzung der Inkubationszeit bei multiplen Verletzungen, Verletzungen an Kopf, Hals, Nacken und Fingern, insbesondere bei Kindern.

2. Diagnose der Tollwut des Menschen und Krankheitsbild

2.1. Verdachtssyndrom:

- Anamnestische Hinweise sind durch die territoriale Tollwutsituation im Expositionsgebiet sowie durch Exposition und zeitliche Relation zur Erkrankung gegeben.

- Klinische Frühsymptome: Sensibilitätsstörung an der Verletzungsstelle mit Schmerzen, die auch auf benachbarte homolaterale Ausbreitungsgebiete von spinalen Segmenten übergreifen, erhöhte Empfindlichkeit gegen äußere Reize, motorische Unruhe, Depressionen, seltener Erregungszustände.

2.2. Voll ausgebildetes Krankheitsbild:

Jeweils für sich allein oder nacheinander auftretend:

- Das Exzitationsstadium: Meist Hydro- und Aerophobie, Wutanfälle auf schwache Reize hin, Konvulsionen, Hyperpyrexie.
- Das paralytische Stadium: Mit Paresen der Augenmuskeln, der Gesichtsmuskeln und der Zungenmuskulatur beginnend, dann Hemi- oder Paraplegie und folgendes allgemeines Lähmungsstadium.

Dauer der Erkrankung: 2 bis 8 Tage (seltener bis 38 Tage). Krankheitsverläufe über mehr als eine Woche hinaus machen die Diagnose Tollwut zunehmend zweifelhaft.

2.3. Mikrobiologische Diagnostik:

Die mikrobiologische Diagnostik wird im Zentrallaboratorium für Encephalitisviren, Abteilung Tollwutschutzimpfung, 15 Potsdam, Tornowstr. 21, Tel. 21321 durchgeführt.

2.4. Differentialdiagnose:

Unter Umständen sind auszuschließen insbesondere Infektionen durch andere neurotrope Viren, durch Rickettsien oder Bakterien, nicht infektiöse Erkrankungen neurologischer bzw. internistischer Prägung sowie alimentäre und gewerbliche Intoxikationen.

3. Sofortmaßnahmen bei Tollwut-Verdacht oder Erkrankung von Menschen

3.1. Absonderung des Patienten bis zur stationären Aufnahme und Belehrung der Wohngemeinschaft über die Übertragungswege bei Tollwut.

3.2. Umgehende Einleitung der stationären Beobachtung und Behandlung.

3.3. Sofortmeldung entsprechend den Rechtsvorschriften und telefonische Benachrichtigung des Zentrallaboratoriums für Encephalitisviren.

4. Postexpositionelle Behandlung und Schutzimpfung

4.1. Die Frühbehandlung bzw. die Vorbeugungsmaßnahmen sollen unmittelbar nach Exposition, möglichst innerhalb der ersten Stunden, durchgeführt werden. Die Maßnahmen richten sich nach der Art des verletzenden Tieres, nach dem Umfang und der Lokalisation der Wunden. Die Gefahrenklasse 1 umfaßt Personen mit Tollwutexposition bei schwersten Verletzungen, Verletzungen an Kopf, Gesicht, Hals oder Finger und unabhängig von der Schwere jede Verletzungsform durch Wildkarnivoren (Fuchs, Dachs, Marder u. a.).

4.2. Erste Hilfe für alle Gefahrenklassen. Sofortige intensive Waschung der Wunden mit klarem Wasser oder Auswaschen der Wunden mit 20%iger Kernseifenlösung.

4.3. Lokale ärztliche Wundbehandlung

4.3.1. Bei intensivem Kontakt und bei kleinen, oberflächlichen Verletzungen gründliche Reinigung mit 20%iger Kernseifenlösung. Nach Seifenanwendung ist gründlich zu spülen. Es können auch quarternäre Ammoniumbasen wie C 4 oder Fesia-mon (1%ig) verwendet werden; diese sind jedoch bei großflächigen Verletzungen kontraindiziert. Seife hebt die Wirkung quarternärer Ammoniumbasen auf.

4.3.2. Wenn nötig, unverzügliche und gründliche chirurgische instrumentelle Wundtoilette mit offener Wundbehandlung, höchstens mit Legen einzelner Situationsnähte und Drainage. Bei kleinen, tiefgehenden Verletzungen Wundexzision nach Friedrich.

4.3.3. Bei Verletzungen der Gefahrenklasse 1 Infiltration der Wundumgebung oder Austupfen der Wunde mit Immunglobulin-Anti-Rabies.

4.3.4. Durchführung prophylaktischer Maßnahmen gegen Tetanus und andere Infektionen.

4.3.5. Zur Einleitung der erforderlichen Maßnahmen, ihrer sachgerechten Durchführung und zu den vorgeschriebenen Meldungen ist jeder Arzt verpflichtet, bei dem sich Personen nach wahrscheinlicher Tollwutexposition durch Haus- oder Wildtiere vorstellen.

4.4. Aktive Schutzimpfung und Kombinationsbehandlung

4.4.1. Personen mit möglicher Tollwutexposition sind unverzüglich dem Leiter der Kreis-Hygieneinspektion zu melden sowie der nächsten Tollwutimpfstelle (s. Ziff. 9.5.) zur Beratung und Entscheidung über die Behandlung unter Beifügung der Ermittlungsergebnisse zu überweisen.

4.4.2. Die endgültige Entscheidung über die Indikation zur Tollwutschutzimpfung ist speziell zugelassenen Tollwutimpfärzten vorbehalten.

4.4.3. Indikationsordnung

bei jedem Verdachtsfall ist eine genaue Anamnese aufzunehmen unter Berücksichtigung der epizootologischen Situation.

Verdächtige Umstände sind

– im tollwutgefährdeten Gebiet („Sperrgebiet“) jede Verletzung eines Menschen durch ein Säugetier (s. Ziff. 1.2.)

- im nichttollwutgefährdeten Gebiet jede Verletzung eines Menschen durch ein Wildtier oder ein streunendes Haustier oder durch Tiere, die tollwutinfiziert sein können (siehe Ziffer 7.1.2.)

Verletzungen in diesem Sinne sind auch intensive Kontakte oder Abschürfungen u. a.

4.4.3.1. Aktive Schutzimpfungen sind durchzuführen

- bei intensiven Kontakten mit und bei allen Oberflächenverletzungen der Haut durch tollwutkranke, tollwutverdächtige, entlaufene oder unbekannte Tiere sowie erkrankte Menschen,
- bei intensivem Kontakt mit verdächtigen Tierkadavern,
- bei intensivem Kontakt mit zunächst gesund erscheinenden Tieren, wenn sie im Laufe der tierärztlichen Beobachtung erkrankten, verendeten, entliefen oder wenn eine positive Labordiagnose folgt.
- bei Bespeichelung der Schleimhaut oder der verletzten Haut,
- bei Verletzungen an Gegenständen, die mit tollwutversächtigen Materialien verschmutzt wurden,
- bei Verletzungen durch zunächst gesund erscheinende Tiere, wenn sie im Laufe der tierärztlichen Beobachtung erkrankten, verendeten, entliefen oder eine positive Labordiagnose folgt
- bei Verletzungen durch tollwutkranke, tollwutverdächtige sowie entlaufene Tiere, außer in den unter Ziff. 4.4.3.2. genannten Fällen.

4.4.3.2. Passive und aktive Schutzimpfungen (Kombinationsbehandlung) mit Immunglobulin-Anti-Rabies und Impfstoff sind durchzuführen bei Verletzungen der Gefahrenklasse 1 (siehe Ziff. 4.1.) Die Kombinationsbehandlung erfolgt stationär in Tollwutimpfstellen, die vom Ministerium für Gesundheitswesen besonders bekannt gemacht werden (s. Ziff. 9.5.). Sie ist entsprechend den Vorschriften für die Anwendung des Immunglobulins, vorzunehmen. Die sich in anderen Impfstellen vorstellenden Personen, die einer Kombinationsbehandlung zugeführt werden müssen, sind den Tollwutimpfstellen nach telefonischer Voranmeldung mit genauen Angaben zur Vorgeschichte zu überweisen.

4.4.3.3. Schutzimpfungen werden nicht durchgeführt

- bei Verletzungen durch offensichtlich unverdächtige Tiere,
- bei flüchtigem Kontakt mit verdächtigen Tieren,
- bei Verletzungen durch Hausgeflügel,
- bei zufälliger Verwendung von gekochter Milch oder gegartem Fleisch tollwutkranker Tiere, ausgenommen Personen, die solche Tiere schlachteten, enthäuteten oder das Fleisch verarbeiteten,
- bei Personen mit ausgebrochener Tollwuterkrankung.

4.4.3.4. Die Impfstoffbehandlung kann vorzeitig abgebrochen werden, wenn sich der Tollwutverdacht für das verletzende Tier nicht bestätigt.

4.4.4. Impfordnung

- Die Schutzimpfung ist bei allen Behandlungsbedürftigen sofort durchzuführen. Ergebnisse der Laboruntersuchungen von Tieren sollen bei Verletzungen durch oder bei intensivem Kontakt mit verdächtigen Tieren nicht abgewartet werden.
- Die Schutzimpfung erfolgt stationär bei Kombinationsbehandlungen, Wiederholungsimpfungen, Personen mit Erkrankungen des ZNS in der Anamnese, Personen mit gleichzeitig bestehenden ernsteren akuten oder chronischen Erkrankungen sowie bei Säuglingen oder Graviden.
- Bei Vornahme von Schutzimpfungen sind die bei Impfzwischenfällen erforderlichen Medikamente (s. Ziff. 4.5.2.) bereitzustellen.
- Der Impfling ist darüber aufzuklären, daß zur Sicherung der Wirksamkeit der Impfung und zur Vermeidung von Impfkomplikationen Alkoholgenuß während der Behandlungzeit mindestens jedoch insgesamt 4 Monate zu vermeiden ist, Überanstrengung, Unterkühlung und Überwärmung zwei Monate lang vermieden werden sollen, Blutspenden ein Jahr lang untersagt ist, andere Schutzimpfungen während der Behandlungszeit sowie über zwei Monate darüber hinaus untersagt sind, wenn nicht eine vitale Indikation vorliegt.
  Während der Behandlung bis zur Boosterung besteht Sportverbot. Die Arbeitsbefreiung erfolgt nach ärztlichem Ermessen.

4.5. Impfreaktionen und Impfkomplikationen können während und nach der Behandlung auftreten als

4.5.1. Örtliche Reaktionen: Infiltratbildung am Impfort mit Rötung, Schwellung, Schmerz, häufiger Juckreiz. Keine Einschmelzungen der Infiltrate, selten Schwellung regionärer Lymphknoten am 5. bis 8. Tag.
Behandlung: feuchte Umschläge, Antihistaminica werden selten erforderlich.

4.5.2. Synkope bis Kollaps in unmittelbarem Anschluß an die Impfung: plötzliche Blässe, Tachykardie oder Bradykardie, Schweißausbruch, flüchtige Ohnmacht bis zu tiefer Bewußtlosigkeit.
Behandlung: Prophylaxe durch psychische Vorbereitung, Impfen im Liegen, Noradrenalin i. m. bzw. i. v. in schweren Fällen, sonst Pholedrin peroral.

4.5.3. Allergische Sofortreaktion: Unruhe nach wenigen Minuten, Hitzewellen, Hautjucken, Urticaria, schnelle Oedembildung im Gesicht, Glottis, asthmatische Dyspnoe. Zeichen des akuten arteriellen Kollapses mit Tachykardie, Blutdruckabfall.
Behandlung: Schockbekämpfung unter Berücksichtigung der klinischen Situation.

4.5.4. Impfkomplikationen mit Erkrankungen des ZNS: Gewöhnlich nach einer Latenz von 1 bis 4 Wochen unter Erscheinungen einer akuten perivenösen Encephalomyelitis (einige Tage bis 2 Monate). Leitsymptom zunächst Kopfschmerzen, dann buntes Bild mit vorwiegender Störung der Motorik und Koordination, weniger der Sensibilität. Inkontinenz, Temperaturen, seltener Lähmung vom Landrytyp.

Behandlung: klinische Corticoidtherapie.

Bei Auftreten erster solcher Anzeichen ist die Impfung sofort einzustellen und die sofortige Aufnahme in einer geeigneten klinischen Einrichtung zu veranlassen. Über die Weiterführung der Schutzimpfung wird im Zusammenwirken der behandelnden Fachärzte entschieden.

4.5.5. Über die gesetzliche Meldepflicht zum atypischen Impfverlauf hinaus (s. Ziff. 9.1.) ist das Zentrallaboratorium für Encephalitisviren (s. Ziff. 2.3.) über die Impfkomplikation sofort telefonisch zu benachrichtigen.

Bei Bestätigung eines Impfschadens erfolgt die Bearbeitung der Entschädigungsfragen wie bei sonstigen Impfkomplikationen.

5. Therapie

Eine erfolgreiche spezifische Behandlung der bereits manifesten Erkrankung gibt es gegenwärtig nicht.

5.1. Symptomatische Allgemeinbehandlung:

- Dämpfung der Exzitationsphase mit lytischen Cocktails oder mit Barbituraten.
- Infustionstherapie.

5.2. Reanimatorische Maßnahmen:

Künstliche Beatmung bei Auftreten von Ateminsuffizienz auf dem Boden peripherer Paresen und bei Ausfällen der Stammhirnfunktion.

5.3. Frühbehandlung bzw. Vorbeugungsmaßnahmen: Siehe unter Ziff. 4 – Postexpositionelle Behandlung und Schutzimpfung.

6. Arbeitsschutz

Belehrung des Pflegepersonals und der technischen Mitarbeiter hinsichtlich Übertragungsmöglichkeiten durch Speichel, Liquor und kontaminierte Materialien. Belehrung über Desinfektionsvorschriften, Bereitstellung von Desinfektionsmitteln.

7. Tollwut beim Tier

7.1. Klinische Diagnose

7.1.1. Die endgültige Tollwutdiagnose am Tier ist Tierärzten vorbehalten.

7.1.2. Verdacht auf Erkrankung an Tollwut liegt vor bei Tieren mit ungewöhnlichem Verhalten, unmotivierter Angriffslust, Unruhe, Speichelfluß, Lähmungen; bei allen krank oder tot aufgefundenen Wild-Säugern besteht Tollwutverdacht.

7.1.3. Die bei Tollwutverdacht einzuleitenden Maßnahmen richten sich nach den geltenden tierseuchen-gesetzlichen Bestimmungen.

7.2. Mikrobiologische Diagnostik

7.2.1. Die Untersuchung auf Tollwut im Bezirksinstitut für Veterinärwesen (bzw. Veterinäruntersuchungs- und Tiergesundheitsamt) wird nach einer Arbeitsanweisung durchgeführt, die ständig auf dem neuesten wissenschaftlichen Stand zu halten und als verbindlich zu betrachten ist.
Sie umfaßt:

- die fluoreszenzserologische Untersuchung des Gehirns,
- evtl. ergänzend die histologische Untersuchung des Gehirns zum Nachweis der pathognomischen Negrischen Körperchen,
- den intracerebralen Mäuse-Tierversuch. Dieser ist einzuleiten, wenn die fluoreszenzserologische bzw. histologische Untersuchung negativ verlaufen ist und Personenkontakt mit dem verdächtigen Tier bestanden hat. Er kann unterbleiben, wenn in Auswertung der anamnestischen Erhebungen bzw. des Sektionsbefundes angenommen werden kann, daß bei dem Tier Tollwut mit sehr großer Wahrscheinlichkeit nicht vorgelegen hat.
- Der Untersuchungsbefund ist dem Kreistierarzt auf einem einheitlichen Vordruck[1]) umgehend auf dem Postweg mitzuteilen. Positive Befunde sind sofort telefonisch voraus zu melden. Bei Personenkontakt erhält die zuständige Tollwutimpfstelle eine Durchschrift des Befundes; der Kreistierarzt hat unverzüglich die Organe der Hygieneinspektion des Kreises zu informieren. Monatliche Zusammenfassungen über die in den veterinärmedizinischen Untersuchungsstellen durchgeführten Tollwutuntersuchungen sind dem Veterinäruntersuchungs- und Tiergesundheitsamt Jena, dem Zentrallaboratorium für Encephalitisviren, dem Bezirkstierarzt und der zuständigen Bezirkshygiene-Inspektion jeweils zum 15. des folgenden Monats zuzusenden.

8. Aufklärung

Bei der Aufklärung der Bevölkerung über das Wesen der Tollwut und die Verhaltensmaßregeln bei Tollwutgefährdung sind besonders Schüler, die Landbevölkerung, Tierhalter, Jagdpersonal, im Wald tätige Personen, Campingteilnehmer und Teilnehmer an Ferienlagern aller Art zu berücksichtigen.

Die Aufklärung erfolgt unter Leitung der Organe der Hygieneinspektion des Kreises in Zusammenarbeit mit Ärzten, insbesondere Tollwutimpfärzten, Tierärzten und den Massenorganisationen.

9. **Zum Zeitpunkt des Inkrafttretens dieser Richtlinie gültige, durch die Richtlinie berührte Rechtsvorschriften:**

(nicht abgedruckt)

[1]) Vordruck-Best.-Nr. Vet. 807 des Vordruck-Leitverlages Osterwieck.

Richtlinie zur Verhütung und Bekämpfung der Cholera
vom 29. Mai 1971

(VuM MfGe Nr. 10 S. 49)

Die Cholera ist eine exotische akute Infektionskrankheit des Darmes. Nachdem der Biotyp El Tor des Vibrio comma in Indonesien erstmalig epidemisch auftrat, ist ab 1964 eine Ausbreitungstendenz dieses Erregers in westlicher Richtung festzustellen.
1970 wurden bereits im osteuropäischen Raum mehrere epidemische Ausbrüche und eine Reihe von Einzel- und Gruppenerkrankungen beobachtet. Mit einer Einschleppung der Cholera auch in die DDR muß gerechnet werden.

1. Ätiologie

Bei dem Erreger der Cholera, dem Vibrio comma sive cholerae, handelt es sich um gramnegative kurze, leicht gekrümmte, kommaförmige Stäbchen, die beweglich und monopolar mit einer Geißel versehen sind. Es können drei Serotypen der Erreger unterschieden werden, die Typen Ogawa, Inaba und der Typ Hikojima, der aber z. Z. in der Epidemiologie der Cholera keine Rolle spielt. Die derzeitige Ausbreitung der Cholera ist durch den Biotyp El Tor der Serotypen Ogawa und Inaba bedingt. Er unterscheidet sich von dem klassischen Biotyp des Choleravibrio durch sein biochemisches Verhalten und durch die Empfindlichkeit gegen bestimmte Phagen.

2. Epidemiologie

2.1. Erregerreservoir, Infektionsquellen und Infektionswege

Der Mensch (Erkrankter, Rekonvaleszent, inkubierte Person oder Ausscheider) ist das einzige Reservoir für den Choleravibrio. Die Infektion erfolgt peroral, meist durch kontaminiertes Wasser, an zweiter Stelle durch kontaminierte Nahrungsmittel. Fliegen und andere Insekten können bei der Übertragung eine Rolle spielen. Direktübertragungen der Cholera von Mensch zu Mensch sind nach Auffassung der WHO dagegen bei guten persönlichen und allgemeinen hygienischen Verhältnissen selten. Die Epidemiologie der El Tor-Cholera ist im Unterschied zur klassischen Cholera durch eine größere Zahl von symptomlosen Infektionen (Ausscheidern) in der Umgebung eines Erkrankten und einen im allgemeinen leichteren Verlauf gekennzeichnet. Die Ausscheidung von Choleravibrionen ist nur relativ kurz, im allgemeinen nicht länger als 7 bis 21 Tage. Bei der El Tor-Cholera gibt es gelegentlich auch Langzeitausscheider.

Die Cholera ist eine „Wanderseuche". Ihr seit etwa 1964 zu beobachtendes Vorrücken aus dem südostasiatischen Raum ist als die 7. pandemische Ausbreitungswelle dieser Krankheit seit Anfang des vorigen Jahrhunderts anzusehen.

2.2. Die Inkubationszeit der Cholera beträgt 2 bis 3 (seltener 1 bis 5) Tage.

3. Klinik

3.1. Anamnese

Da es sich bei der Cholera um eine exotische Krankheit handelt, ist bereits bei Verdacht auf diese Infektion eine genaue Anamnese von weittragender Bedeutung. Zu erfragen ist:

3.1.1. wo sich der Patient (Ausscheider) in den letzten 2 bis 3 Wochen aufhielt,

3.1.2. ob er im obigen Zeitraum Kontakt zu Ausländern hatte,

3.1.3. ob in diesem Zeitraum Kontakt zu Durchfallkranken bestanden hat.
Trifft Ziff. 3.1.2. und Ziff. 3.1.3. zu, so sind Personalien (Anschriften) aller dieser Personen möglichst genau nach epidemiologischen Gesichtspunkten schriftlich festzuhalten

3.1.4. ob er innerhalb der letzten 6 Monate gegen Cholera geimpft wurde.

3.2. Pathogenese

Bei der Cholera handelt es sich um eine reine Darmlumeninfektion ohne hämatogene Aussaat, bei der es unter der Wirkung der Vibrionentoxine bei intakter Darmschleimhaut zu einer Blockierung der Rückresorption von Natrium kommt. Daraus resultiert die rasch einsetzende, u. U. extrem schwere Exsikkose mit allen ihren Folgen auf Kreislauf, Atmung und Nierenfunktion.

3.3. Krankheitsbild

Das Krankheitsbild der El Tor-Cholera ist außerordentlich vielfältig. Die meisten infizierten Personen zeigen keine Symptome oder reagieren mit mehr oder weniger leichten gastroenteritischen Erscheinungen oder auch nur mit einem einzigen Durchfall. Daneben sieht man foudroyant verlaufende Krankheitsbilder, die nach wenigen Stunden den Tod herbeiführen können. Dabei kommt es nach einem kurzen Prodromalstadium mit allgemeinem Krankheitsgefühl zu profusen Durchfällen, die einen „reiswasserähnlichen" Charakter annehmen und mit starken Tenesmen einhergehen können. Fieber tritt in der Regel bei Erwachsenen nicht auf, wird bei Kindern gelegentlich beobachtet. Infolge des starken Flüssigkeitsverlustes kommt es zu Temperatur- und Blutdruckabfall, u. U. Kollaps, Tachykardie und zur Anurie.

3.4. Diagnose

Auf Grund der klinischen Erscheinungen allein ist die Cholera mit Ausnahme der schweren (algiden) Verlaufsform nicht zu erkennen. Eine mikrobiologische Bestätigung ist in jedem Fall erforderlich.

3.4.1. Materialentnahme und -versand

Das beste Untersuchungsmaterial ist frischer flüssiger Stuhl. Er darf aber nicht aus Behältern entnommen werden, in denen ggf. noch ein Rest von Desinfektionsmitteln enthalten ist. Vom Stuhl sind 1 bis 3 ml in 10 ml eines alkalischen Mediums[1]) per Kurier an das Choleralabor, das vorher beim zuständigen Kreishygieniker zu erfragen ist, einzusenden. Günstige Untersuchungsverhältnisse ergeben auch Rektalabstriche, die durch mit physiologischer Natriumchloridlösung oder Peptonwasser befeuchtete Wattetupfer zu entnehmen sind. Dieser Tupfer sollte sofort auf einen festen choleraselektiven Nährboden (z. B. Taurocholat-Tellurit-Gelatine-Agar) ausgestrichen werden. Ist dies nicht möglich, wird der Abstrichtupfer im obigen Medium eingesandt.

3.4.2. Mikrobiologische Diagnostik

Diese erfolgt entsprechend den Richtlinien zur Labordiagnostik von Cholera-Erkrankungen und Choleraträgern des Referenzlabors für Cholera der DDR im *Staatlichen Institut für Serum- und Impfstoffprüfung*[2]) Berlin-Pankow.

3.4.3. Differentialdiagnose

Zu berücksichtigen sind

Salmonellosen
Shigellosen
Lebensmittelvergiftungen
Pilzvergiftungen und
chemische Intoxikationen

3.5. Therapie

3.5.1. Die wirksamste therapeutische Maßnahme, die allein schon die Letalität der Cholera unter 1 Prozent zu senken vermag, liegt in der Rehydrierung. Sie erfolgt in leichten Fällen peroral, sonst per Dauertropf, der so schnell wie möglich anzulegen ist und nach den üblichen Regeln der Exsikkosebehandlung (Starterlösung bis Urin gelassen worden ist, dann Vollelektrolytlösungen). Mit häufigen Ionogrammkontrollen muß der Effekt des Elektrolytersatzes und der Azidosebehandlung verfolgt werden. Empfohlen werden Lösungen, die dem Natrium-, dem Kalium-Verlust und der Azidose gerecht werden (z. B. 5 g Natriumchlorid, 4 g Natriumcarbonat[3]) und 1 g Kaliumchlorid auf 1 Liter aqua bidest.). Besonders zu berücksichtigen ist, daß die Infusion wegen der häufig extremen Exsikkose anfangs sehr viel rascher als sonst gewohnt erfolgen muß, bis der Puls deutlich zu fühlen ist (Anfangsgeschwindigkeit in schweren Fällen bei Erwachsenen bis zu 1000 ml in 15 Minuten, später 1000 ml in 30 bis 45 Minuten).

3.5.2. Orale Tetracyclingaben bzw. bei Erbrechen parenteral (5 Tage lang 3 bis 4mal 500 mg für Erwachsene, Kinder entsprechend dem Körpergewicht weniger) spielen in der Therapie der Cholera eine unterstützende Rolle. Sie sollen die Dauer der Diarrhoe um 50 Prozent auf einen Durchschnitt von 2 Tagen und die Ausscheidung von Vibrionen im Durchschnitt auf 1,1 bis höchstens 2 Tage verkürzen.

4. Prophylaxe

4.1. Allgemeine Gesichtspunkte

Im Vordergrund aller prophylaktischen Maßnahmen stehen die Verhütung der peroralen Infektion durch strenge Beachtung der persönlichen Hygiene und die Verhinderung der Kontamination von Nahrungsmitteln und vor allem Trinkwasser. Die Verhütung einer Verseuchung jeglicher Gewässer und Wasserentnahmestellen und -quellen durch Fäkalien und damit verunreinigte Gegenstände ist bei der Choleraprophylaxe von entscheidender Bedeutung.

4.2. Spezifische Maßnahmen

4.2.1. Die aktive Schutzimpfung

Der aktiven Schutzimpfung kommt nur eine zweitrangige Bedeutung bei der Verhütung und Bekämpfung der Cholera zu. Kinder bis zu 5 Jahren entwickeln auf den Impfstoff keine ausreichende Immunität. Massenimmunisierungen nach Ausbruch der Cholera sind wegen der Kürze der Inkubationszeit und der längeren Zeitdauer bis zum Einsetzen des Impfschutzes nicht zweckmäßig. Der zur Zeit zur Verfügung stehende korpuskuläre Choleraimpfstoff gewährt nur eine teilweise und zeitlich begrenzte (3 bis 6 Monate) Schutzwirkung. Dieser Impfstoff regt die antibakterielle aber kaum eine antitoxische Immunantwort an. Die Zahl der Ausscheider wird mit der Schutzimpfung kaum beeinflußt.

Impfschema:

Die Impfung besteht aus zwei Einzelimpfungen, die im Abstand von 5 bis 7 Tagen vorgenommen werden. Die Dosierung ist der Gebrauchsanweisung zu entnehmen.

4.3. Sofortmaßnahmen

4.3.1. Umgehende Absonderung des Erkrankten, Krankheitsverdächtigen oder Ausscheiders während seines Aufenthaltes in der Wohngemeinschaft, im Betrieb oder Krankenhaus bis zur Überführung in die Quarantänestation.

4.3.2. Belehrung des Patienten und der Personen seiner Umgebung über die Art der Erkrankung, die Möglichkeit der Weiterverbreitung der Cholera und ihrer Verhütung. Die Personalien der Personen, die unmittelbaren Kontakt mit dem Erkrankten oder Ausscheider (Wohngemeinschaft, Betrieb, Krankenhaus) hatten, sind schriftlich festzuhalten.

4.3.3. Sicherstellung der als Überträger der Infektion verdächtigen Lebensmittel.

4.3.4. Über die in Ziff. 4.3.2. genannten Kontaktpersonen ist umgehend Hausquarantäne zu verhängen. Sie dürfen ihre Wohnung nicht ohne Sondergenehmigung verlassen. Die Kenntnisnahme dieser Anordnung ist von den Betreffenden durch Unterschrift zu bestätigen. Ihre Versorgung wird von der Kreis-Hygieneinspektion mit Hilfe von Mitgliedern des DRK geregelt.

4.3.5. Umgehende telefonische Vorausmeldung des Erkrankungsfalles an den Leiter der zuständigen Kreis-Hygieneinspektion und Veranlassung der stationären Einweisung des Patienten entsprechend der erhaltenen Anweisung.

4.4. Meldepflicht (Vordrucke Nr. 8601, 8602, 8603 und 8604 des VEB Vordruck-Leitverlages Freiberg)

4.4.1. Diese sofortige telefonische Vorausmeldung an die Kreis-Hygieneinspektion hat in jedem Falle einer Erkrankung, eines Verdachts einer Erkrankung, eines Sterbefalles bzw. eines Verdachts eines Sterbefalles an Cholera zu erfolgen. Das gilt auch für symptomlose Cholera-Ausscheider (bisher gesetzlich nicht gefordert).
Die schriftliche Meldung ist binnen 24 Stunden der Kreis-Hygieneinspektion auf dem vorgeschriebenen Vordruck zu erstatten. Die auf dem Vordruck geforderten Angaben sind ggf. durch zusätzliche Feststellungen mit Angaben über getroffene Sofortmaßnahmen (z. B. Personalien der in Hausquarantäne genommenen Personen) zu ergänzen.

4.4.2. Ärzte in klinischen Einrichtungen haben die Aufnahme eines Erkrankten, Krankheitsverdächtigen oder Ausscheiders, seine Entlassung oder Verlegung der Kreis-Hygieneinspektion zu melden. Bestätigung bzw. Nichtbestätigung einer gemeldeten Erkrankung oder eines Verdachtes sind ebenfalls an die Kreis-Hygieneinspektion zu melden.

4.5. Die Quarantänestation

4.5.1. Die Quarantänestation für Erkrankte und Ausscheider bzw. Krankheitsverdächtige wird in einem besonderen Gebäude oder Gebäudeteil z. B. eines Krankenhauses eingerichtet. Das Gebäude muß rattensicher, die Fenster, soweit sie geöffnet werden, müssen gegen Fliegen abgedichtet sein.
Zwischen den Räumen für die Unterbringung und Behandlung von bakteriologisch oder klinisch bestätigten Kranken sowie Ausscheidern und den Räumen für Verdachtsfälle ist eine hygienisch einwandfreie Trennung zu gewährleisten.
Die Quarantänestation für Kontaktpersonen ist in einem anderen Gebäude als die Quarantänestation für Kranke und Ausscheider bzw. Krankheitsverdächtige unterzubringen.

4.5.2. Das Personal
In den Seuchenabwehrplänen der Bezirke sind Festlegungen zu treffen, die den Einsatz gegen Cholera schutzgeimpften Personals für die Pflege und Behandlung auf den Quarantänestationen sichern.
Für die Pflege und Behandlung auf den Quarantänestationen darf nur Personal eingesetzt werden, das nicht an Magen-Darm-Störungen leidet oder zu diesen neigt.

Vor genehmigtem Verlassen der Quarantänestation durch das Personal ist die Einhaltung der hygienischen Vorschriften vom Stationsarzt zu überwachen, worüber eine entsprechende Eintragung in das Anwesenheitsbuch zu erfolgen hat.

4.5.3. Desinfektionsmaßnahmen

4.5.3.1. Die Ausscheidungen aller in die Quarantäne aufgenommenen Personen sind erst nach Behandlung mit einem in der Liste der Desinfektionsmittel (Ziff. 7.4.) aufgeführten Desinfektionsmittel in der vorgeschriebenen Konzentration und Einwirkungsdauer in einem von Fliegen abgedichteten Gefäß in den Abort zu kippen.

4.5.3.2. Die Leib- und Bettwäsche der in Ziff. 4.5.3.1. erwähnten Personen ist ebenfalls entsprechend der Richtlinie (Ziff. 7.4.) vor dem allgemeinen Waschvorgang zu desinfizieren.

4.5.3.3. Die Raumdesinfektion erfolgt durch einfache Flächendesinfektion (Scheuerdesinfektion) unter Verwendung eines geeigneten Desinfektionsmittels (Ziff. 7.4.).

4.5.3.4. Cholera-Leichen dürfen nicht gewaschen werden. Sie sind unter Aufsicht eines Vertreters der Hygieneinspektion einzusargen. Die Ausstellung der Leiche im offenen Sarg ist unzulässig.

4.5.4. Einweisung von Kranken, Ausscheidern und Krankheitsverdächtigen in die Quarantänestation und Entlassung aus derselben.

4.5.4.1. Die Einweisung in die festgelegte Quarantänestation hat unverzüglich bei jeder Erkrankung, jedem Verdachtsfall von Cholera oder symptomloser Ausscheidung von Choleravibrionen zu erfolgen.

4.5.4.2. Die Entlassung aus der Quarantänestation erfolgt, wenn in 3 aufeinanderfolgenden Stuhlproben, die im Abstand von 1 bis 2 Tagen zu entnehmen sind, keine Choleravibrionen nachgewiesen wurden. Beginn der Entlassungsuntersuchung frühestens 3 Tage nach Abklingen der klinischen Erscheinungen und Abschluß der antibiotischen Behandlung. Dauert die Ausscheidung von Vibrionen über 6 Wochen hinaus, ist wegen der Entlassung aus der Quarantäne die Entscheidung des Leiters der Staatlichen Hygieneinspektion herbeizuführen.

4.5.5. Quarantänemaßnahmen für Kontaktpersonen

4.5.5.1. Nach bakteriologischer Bestätigung der Diagnose „Cholera" sind Kontaktpersonen (s. Ziff. 4.3.2.) unter den Bedingungen einer strengen Quarantäne in bestimmten Gruppen, die nach epidemiologischen Gesichtspunkten festzusetzen sind, für die Dauer von 5 Tagen zu isolieren. Jeglicher Kontakt zwischen den einzelnen Gruppen muß ausgeschlossen werden.

4.5.5.2. Schutzimpfung der Kontaktpersonen erfolgt in Abhängigkeit von der vorliegenden hygienischen und epidemiologischen Situation.

4.5.5.3. Die Entlassung aus der Quarantäne erfolgt frühestens am 6. Tag nach der Aufnahme, wenn in drei im Abstand von 1 bis 2 Tagen vorschriftsmäßig entnommenen Stuhlproben bzw. Rektalabstrichen keine Choleravibrionen nachgewiesen wurden.

5. Nachkontrollen

5.1. Nach einer Erkrankung an Cholera oder bei symptomloser Ausscheidung von Choleravibrionen sind nach der Entlassung aus der Quarantäne zwei weitere Stuhluntersuchungen im Abstand von 1 Woche durchzuführen. Dabei sind die unter Ziff. 3.4.1. aufgeführten Bedingungen zu beachten.

5.2. Bei Fortbestehen der Ausscheidung von Choleravibrionen wird über weitere Kontrolluntersuchungen gesondert entschieden.

6. Wiederzulassung zur Arbeit bzw. zur Kindereinrichtung

6.1. Beschäftigte in Lebensmittelbetrieben und Trinkwasserversorgungsanlagen werden erst nach Abschluß der Kontrolluntersuchungen gemäß Ziff. 5 zur Arbeit in diesen Betrieben wieder zugelassen. Die gleiche Regelung trifft für Personen zu, die Kindereinrichtungen besuchen oder in diesen tätig sind.

6.2. Für sonstige Personen bestehen nach Entlassung aus der Quarantäne keine einschränkenden Maßnahmen für die Wiederaufnahme der Arbeit bzw. Tätigkeit.

7. Zum Zeitpunkt des Inkrafttretens dieser Richtlinie gültige, durch die Richtlinie berührte Rechtsvorschriften:

(nicht abgedruckt)

[1]) Z. B. alkalisches Peptonwasser — Herstellungsvorschrift: 40,0 g Pankreatisches Pepton 5,0 g Natriumchlorid, 1000,0 ml dest. Wasser. Die Festsubstanzen werden in dest. Wasser gelöst. Mit 0,1 n Natronlauge (etwa 5 ml) wird der pH-Wert auf 8,0—8,1 eingestellt. Nach Abfüllung in Mengen von 10 ml wird bei 120 bis 124°C 12 min sterilisiert —
oder Peptonwasser mit Kaliumtellurit — Herstellungsvorschrift: 1000 ml alkalisches Peptonwasser werden bei 121 bis 124°C 20 min sterilisiert. Nach Abkühlung unter 60°C werden 2,0 ml 1-%ige Kaliumtelluritlösung zugegeben. Nach gutem Durchmischen wird in Mengen von 10,0 ml in sterile Röhrchen unter aseptischen Bedingungen abgefüllt. Anschließend wird 15 min im Dampftopf tyndallisiert —

[2]) Jetzt: Staatliches Kontrollinstitut für Seren und Impfstoffe.

[3]) Gemeint dürfte Natriumhydrogenkarbonat sein; in der Literatur finden sich auch Empfehlungen wie 4 kg Natriumchlorid, 4 g Natriumacetat und 0,5 g Kaliumchlorid zu 1 Liter gelöst in Aqua ad inj. oder 650 ml 0,95%ige Natriumchloridlösung gemischt mit 350 ml 1,75%iger Natriumlaktatlösung unter Zusatz von 1 g Kaliumchlorid; zur oralen Anwendung wird empfohlen, 200 g Glukose, 40 g Natriumchlorid, 40 g Natriumhydrogenkarbonat und 15 g Kaliumchlorid in 10 Liter Trinkwasser zu lösen.

Anordnung über die Durchführung von Schutzimpfungen gegen Wundstarrkrampf

vom 30. September 1975

(GBl. I Nr. 41 S. 686)

Auf Grund des § 21 des Gesetzes vom 20. Dezember 1965 zur Verhütung und Bekämpfung übertragbarer Krankheiten beim Menschen (GBl. I 1966 Nr. 3 S. 29)[1]) und der Zweiten Durchführungsbestimmung vom 27. Februar 1975 zum Gesetz zur Verhütung und Bekämpfung übertragbarer Krankheiten beim Menschen – Schutzimpfungen und andere Schutzanwendungen – (GBl. I Nr. 21 S. 353)[2]) wird folgendes angeordnet:

§ 1

(1) Bürger der Jahrgänge 1920–1925, die bisher nicht gegen Wundstarrkrampf geimpft wurden, sind in den Jahren 1976 bis 1980 zweimal gegen Wundstarrkrampf zu impfen (Grundimmunisierung).
(2) Die Bürger nach Abs. 1 erhalten 1 Jahr nach erfolgter Grundimmunisierung eine Wiederholungsimpfung.
(3) Bei vorliegender Dokumentation über eine bereits vollständig durchgeführte Immunisierung gegen Wundstarrkranpf erfolgt eine Auffrischimpfung, wenn die letzte Injektion länger als 10 Jahre zurückliegt.

§ 2

Die Schutzimpfung gegen Wundstarrkrampf (nachstehend Impfung genannt) ist eine Pflichtimpfung. Sie ist kostenlos.

§ 3

Die Impfung erfolgt mit dem vom Ministerium für Gesundheitswesen dafür zugelassenen Impfstoff.

§ 4

(1) Der Abstand zwischen der ersten und zweiten Einzelimpfung bei der Grundimmunisierung (§ 1 Abs. 1) beträgt im Regelfall 4 bis 6 Wochen.
(2) Die Impfung erfolgt intramuskulär.

§ 5

Von der Impfung sind zurückzustellen

- Personen, die an einer akuten Krankheit leiden oder weniger als 2 Wochen zuvor an einer solchen Krankheit erkrankt waren,
- Personen, bei denen in den letzten 4 Wochen vor dem Impftermin eine andere Schutzimpfung vorgenommen wurde, sofern nicht in der für die andere Impfung geltenden Rechtsvorschrift etwas anderes festgelegt ist.

§ 6

Die Impfung ist durch den Impfarzt zu dokumentieren. Einzelheiten der Dokumentation regelt der Minister für Gesundheitswesen.

§ 7

Verantwortlich für die Organisation der Impfungen ist der Kreisarzt.

§ 8

Die Impfungen und die Maßnahmen bei atypischen Impfverläufen regeln das Gesetz vom 20. Dezember 1965 zur Verhütung und Bekämpfung übertragbarer Krankheiten beim Menschen[1]) und die Zweite Durchführungsbestimmung vom 27. Februar 1975[2]) dazu.

§ 9

(1) Diese Anordnung tritt am 1. Januar 1976 in Kraft.
(2) Gleichzeitig tritt die Anordnung vom 6. November 1967 über die Durchführung von Schutzimpfungen gegen Wundstarrkrampf (GBl. II Nr. 109 S. 759) außer Kraft.

[1]) Abgedruckt unter B.
[2]) Abgedruckt unter B.

Bekanntmachung der Empfehlungen zur Indikation dringlicher kardiologischer Diagnostik und Therapie im Säuglingsalter

vom 6. November 1973

(VuM MfGe 1974 Nr. 1 S. 2)

Nachstehend werden Empfehlungen zur Indikation dringlicher kardiologischer Diagnostik und Therapie im Säuglingsalter bekanntgemacht. Sie sind von den Arbeitsgruppen Morbidität und Mortalität im Kindesalter und Pädiatrische Kardiologie der Gesellschaft für Pädiatrie unter Leitung von Doz. Dr. sc. med. Bartel (Kinderklinik des Bereiches Medizin [Charité] der Humboldt-Universität zu Berlin) vorbereitet worden.

Anlage

zu vorstehender Bekanntmachung

Empfehlung zur Indikation dringlicher kardiologischer Diagnostik und Therapie im Säuglingsalter

vom 6. November 1973

Unter den angeborenen Mißbildungen stehen die konnatalen Herzfehler, gemessen an der Häufigkeit, an erster Stelle. Sie sind mit etwa 10% ursächlich an der Säuglingssterblichkeit beteiligt. Ein großer Teil der Kinder mit angeborenen Herzfehlern ist durch medikamentöse und insbesondere chirurgische Maßnahmen soweit zu behandeln, daß eine höhere Lebenserwartung als bisher erreicht werden kann. Da bei mehr als 80% der Kinder, die bereits im Säuglingsalter auf Grund ihres angeborenen Herzfehlers klinische Symptome aufweisen, die Möglichkeit einer Herzoperation erwogen werden muß, ergeben sich folgende grundsätzliche Empfehlungen, um eine rechtzeitige Erfassung und spezielle Diagnostik zu ermöglichen:

1. Jedes Neugeborene, das eine Zyanose aufweist, die unter O_2-Atmung nicht schwindet, bedarf unverzüglich der weiteren diagnostischen Klärung. Zur Differenzierung zwischen kardial und pulmonal bedingter Zyanose ist die Bestimmung der arteriellen (kapillären) O_2-Spannung bei Luft- und O_2-Atmung geeignet. Darüber hinaus ist damit eine Abgrenzung von Herzfehlern mit Zynose und ausbleibendem Anstieg der O_2-Spannung bei O_2-Atmung (komplette Transposition der großen Gefäße, Pulmonalklappenatresie bei intaktem Ventrikelseptum) von solchen mit mehr oder weniger deutlichem Anstieg der O_2-Spannung unter O_2-Gabe (Hypoplastisches Linksherzsyndrom, präduktale Aortenisthmusstenose, Pseudotuncus arteriosus möglich.

Ein Ausbleiben oder ein nur geringer Anstieg der kapillären O_2-Spannung unter O_2-Atmung bei Neugeborenen mit einer Zyanose weist in hohem Maße auf eine komplette Transposition der großen Gefäße hin. Hierbei entsprechen kapilläre pO_2-Werte < 35 Torr einer hochgradigen, bedrohlichen Hypoxie. In diesen Fällen ist die sofortige Verlegung in ein kardiologisches Zentrum erforderlich, wo nach der Diagnose als lebensrettender Eingriff die atriale Septostomie nach Rashkind durchgeführt werden kann. Die Kinder können jederzeit im Verdachtsfall bei gleichzeitiger telefonischer Information an folgende Zentren überwiesen werden:

Kinderklinik der Charité, Berlin, Tel.: 426 2598

Kinderklinik der Karl-Marx-Universität, Leipzig, Tel.: 68 200

Kinderklinik der Universität Halle, Tel.: 88 301

Kinderklinik der Medizinischen Akademie Erfurt, Tel.: 3631

Auf dem Transport ist für optimale Wärmeversorgung und die Möglichkeit der O_2-Gabe zu sorgen. Vor der Verlegung von zyanotischen Kindern ist wegen der hypoxiebedingten metabolischen Azidose eine Puffertherapie mit Natriumbikarbonat (2 – 3 mval/kg) erforderlich.

2. Jeder Säugling mit Zeichen der Herzdekompensation bedarf einer sofortigen Behandlung mit Digitalis und zur Klärung der Ursache der Herzinsuffizienz sowie der Möglichkeit einer Operation der Verlegung in ein kardiologisches Zentrum.
   Dosierung für Digitoxin 0,05 bis 0,06 mg/kg als Sättigungsdosis in 3 Teilgaben im Laufe von 2 bis 3 Tagen (mittelschnelle Sättigung); anschließend täglich 10% der Sättigungsdosis als Erhaltungsdosis.

3. Säuglinge, die einen Herzfehler mit Zyanose und vermindertem Lungendurchfluß aufweisen, sind, wenn hypoxische Zustände oder eine Polyglobulie > 6 Mill. Erythrozyten und ein Hgb-Wert > 20 g% auftreten, durch embolisch-thrombotische Komplikationen gefährdet. Es muß deshalb zur Indikation einer aorto-pulmonalen Shuntoperation Stellung genommen werden.

4. Bei jedem Säugling, der wegen eines Herzfehlers ein Mißgedeihen zeigt, müssen alle Möglichkeiten einer medikamentösen und chirurgischen Therapie erwogen werden. Nicht später als im 2. Trimenon ist eine zunächst ambulante Vorstellung mit allen bereits erhobenen Befunden in einem Herzzentrum empfehlenswert, um das weitere Vorgehen (Herzkatheteruntersuchung bzw. Exspektation) zu erörtern.

5. Säuglinge mit einer andauernden Tachykardie (Herzfrequenz > 180/min) sind durch eine Herzinsuffizienz bedroht. Es ist nach Ausschluß der seltenen ventrikulären Tachykardie (EKG) neben der Klärung der Ursache eine sofortige Behandlung mit Digitalis erforderlich.

Dosierung für Digitoxin (Schnellsättigung): 0,03 mg/kg intravenös, in vierstündigem Abstand weitere Gaben von je 0,015 mg/kg intravenös, bis eine Herzfrequenz < 160/min. erreicht ist, maximale Gesamtdosis 0,075 mg/kg. Ab nächstem Tag werden 10% der vorher verabfolgten Gesamtdosis als tägliche Erhaltungsdosis appliziert.
Ist die Tachykardie mit der genannten Maximaldosis von Digitoxin nicht zu beeinflussen, empfiehlt sich die Vorstellung in einem kardiologischen Zentrum, wo die Möglichkeit der Defribrillierung oder der Anwendung weiterer Arzneimittel unter bestimmten Kautelen besteht.

Anweisung über die Anwendung von Phenolum liquefactum und von Phenolkonzentrationen über 5%
vom 23. April 1969

(VuM MfGe Nr. 10 S. 46)

Auf Empfehlung der *Dermatologischen Gesellschaft der DDR*[1]) wird für die Anwendung von Phenolum liquefactum und von Phenolkonzentrationen über 5% folgendes angewiesen:

1.

Zur kosmetischen Behandlung ist die Anwendung von Phenolum liquefactum (82–86,5%) und von Phenolkonzentrationen über 5% untersagt und darf zu diesem Zweck nicht mehr ärztlich verordnet werden.

2.

(1) Die Anwendung der Arzneimittel gemäß Ziff. 1 ist nur bei medizinischer Indikation gestattet. Nur der Arzt selbst darf Ätzbehandlungen des Keratoma senile, der Altershyperkeratosen und der seborrhoischen Warzen mit dem unter Ziff. 1 genannten Arzneimittel oder der Zubereitung vornehmen.
(2) Die Ätzbehandlung ist nur in vierwöchigem Abstand und bis zu einer Größenausdehnung vom 2 cm^2 durchzuführen. Es ist zu beachten, daß das vorgesehene Hautareal jeweils nur einmal pro Sitzung bestrichen werden darf. Eventuell vorhandene Umgebungsentzündungen oder Mazerationen sind vorher durch eine dermatologische Behandlung zu beseitigen, ehe eine Ätzbehandlung begonnen werden darf.

3.

Die Abgabe der Arzneimittel gemäß Ziff. 1 darf nur auf ärztliche Verschreibung (Rezept) erfolgen, die folgende Voraussetzungen erfüllt:

a) die Abgabemenge darf 30 ml nicht überschreiten
b) die ärztliche Verschreibung (Rezept) des Arzneimittels gemäß Ziff. 1 ist auf Grund der Überschreitung der Maximalkonzentration (d. i. 5%) mit einem Ausrufezeichen zu versehen
c) die Verschreibung muß den Zusatz „Pro praxi“ oder „Ad manum medici“ und die Kennzeichnung „Äußerlich“ tragen.

4.

Andere Phenolzusätze in Arzneimitteln nach *DAB 7*[2]) bleiben von dieser Anweisung unberührt.

5.

Diese Anweisung tritt mit ihrer Veröffentlichung in Kraft.[3])

[1]) Jetzt: Gesellschaft für Dermatologie der DDR.
[2]) Jetzt: 2. AB–DDR.
[3]) In Kraft getreten am 21. 5. 1969.

Hinweis zur Anwendung von Absaugpumpen

vom 25. Februar 1976

(VuM MfGe Nr. 4 S. 20)

Es besteht Veranlassung darauf hinzuweisen, daß alle Typen von Absaugpumpen für den Operationsbetrieb während des Eingriffes (z. B. bei Interruptionen) nicht abgeschaltet werden dürfen. Bei notwendiger Außerbetriebnahme der Absaugpumpe, z. B. bei Verstopfungen oder anderen Ursachen, ist bei einer Interruptio vor Abschaltung des Gerätes die Absaugkanüle aus dem Uterus zu entfernen. Erst nach Behebung der Störungsursachen und Überprüfung der ordnungsgemäßen Funktion des Gerätes darf der Eingriff fortgesetzt werden.

Es wird auf den Hinweis vom 18. 2. 1975 zur Anwendung des Saug-Druck-Aggregates FK 68 (Verf. u. Mitt. Nr. 6, S. 44) hingewiesen.

Es ist erforderlich, den entsprechenden Mitarbeiterkreis aktenkundig zu belehren.

Kapitelinhaltsverzeichnis

Kapitel D

Apothekenrecht

Anordnung über die Ermittlung und Planung des Arzneimittelbedarfes, die Sicherung einer bedarfs- und sortimentsgerechten Produktion sowie die Lagerhaltung von Arzneimitteln für die Bevölkerung
— Arzneimittelversorgungs-Anordnung —

vom 30. August 1978

(GBl. I Nr. 32 S. 356)

Auf Grund des § 38 der Bilanzierungsverordnung vom 20. Mai 1971 (GBl. II Nr. 50 S. 377) und der Anordnung vom 20. November 1974 über die Ordnung der Planung der Volkswirtschaft der DDR 1976 bis 1980 (Sonderdruck Nr. 775a c des Gesetzblattes) wird im Einvernehmen mit den Leitern der zuständigen zentralen staatlichen Organe zur Gewährleistung der Flexibilität und Stabilität bei der bedarfsgerechten Versorgung der Bevölkerung mit Arzneimitteln folgendes angeordnet:

§ 1

(1) Diese Anordnung gilt für alle an der Bereitstellung von Arzneimitteln beteiligten zentralen und örtlichen Staatsorgane, wirtschaftsleitenden Organe und staatlichen Einrichtungen sowie Kombinate und Betriebe einschließlich der an der Herstellung von Arzneimitteln beteiligten Kooperationspartner.

(2) Arzneimittel im Sinne dieser Anordnung sind Stoffe und Zubereitungen gemäß § 2 Abs. 1 und § 3 Abs. 1 des Arzneimittelgesetzes vom 5. Mai 1964 (GBl. I Nr. 7 S. 101), soweit sie für die Humanmedizin bestimmt sind. Roh-, Grund- und Hilfsstoffe, die zur Herstellung von Arzneimitteln dienen, und Verpackungsmittel dafür sind diesen gleichgestellt.

§ 2

(1) Der Minister für Gesundheitswesen ist für die Ermittlung und Planung des Arzneimittelbedarfes verantwortlich. Die Durchführung dieser Aufgabe erfolgt durch das Staatliche Versorgungskontor für Pharmazie und Medizintechnik (Fondsträger für Arzneimittel) und durch das Apothekenwesen auf der Grundlage einer Richtlinie des Ministeriums für Gesundheitswesen für die Organisation und Durchführung der Bedarfsermittlung und materiellen Planung von Arzneimitteln und Verbrauchsmaterialien.

(2) Die anderen Bedarfsträger ermitteln ihren Arzneimittelbedarf eigenverantwortlich und melden diesen, soweit in Rechtsvorschriften nichts anderes festgelegt ist, beim Fondsträger für Arzneimittel an.

(3) Das Ministerium für Chemische Industrie ist in Zusammenarbeit mit dem Ministerium für Gesundheitswesen für die Ermittlung und Auswertung der internationalen Entwicklung des wissenschaftlich-technischen Fortschritts und der Tendenzen der internationalen Bedarfsentwicklung bei Arzneimitteln verantwortlich.

§ 3

(1) Zur Vorbereitung der Planung hat der Fondsträger für Arzneimittel bis zum 30. April des laufenden Jahres den voraussichtlichen Jahresbedarf für das folgende Planjahr je Einzelerzeugnis, untergliedert nach Menge und Wert, bei der VVB Pharmazeutische Industrie (bilanzbeauftragtes Organ für Arzneimittel) einzureichen.
(2) Bis zum 15. Juli des laufenden Jahres hat durch den Fondsträger für Arzneimittel die Übergabe des Jahresbedarfes für das folgende Planjahr zu erfolgen. Dabei sind je Einzelerzeugnis mindestens 85% des voraussichtlichen Jahresbedarfes, untergliedert nach Menge und Wert sowie nach Aufkommensbereichen (Wert), zugrunde zu legen.
(3) Zur Deckung des Jahresbedarfes gemäß Abs. 2 sind Wirtschaftsverträge bis zum 15. August des laufenden Jahres abzuschließen.
(4) In Abstimmung mit dem Fondsträger hat das bilanzbeauftragte Organ für Arzneimittel mit dem Planentwurf den Nachweis über bis zu diesem Zeitpunkt nicht erfüllbare Bedarfsforderungen bei Arzneimitteln mit Darlegung der volkswirtschaftlichen Auswirkungen und unter Angabe von Lösungsvarianten den für die Entscheidung zuständigen zentralen staatlichen Organen je Einzelerzeugnis vorzulegen.
(5) Der Fondsträger für Arzneimittel übergibt bis zum 28. Februar des laufenden Jahres dem bilanzbeauftragten Organ für Arzneimittel eine Analyse über die realisierten Versorgungsleistungen an Arzneimitteln des Vorjahres und über die am Jahresende vorhandenen Bestände.
(6) Das Ministerium für Gesundheitswesen übergibt bis zum 30. September dem Ministerium für Chemische Industrie Anforderungen zur Bereitstellung bisher in der DDR nicht im Verkehr befindlicher Arzneimittel, Abpackungsgrößen bzw. Applikationsformen. Das Ministerium für Chemische Industrie informiert das Ministerium für Gesundheitswesen bis zum 28. Februar jeden Jahres über die Realisierungsmöglichkeiten der Anforderungen und die voraussichtlichen Bereitstellungstermine.
(7) Das bilanzbeauftragte Organ für Arzneimittel ist verpflichtet, den Fondsträger für Arzneimittel über den Stand der Entwicklung und Einführung neu- und weiterentwickelter Erzeugnisse bis zum 31. März jeden Jahres zu informieren.

§ 4

(1) Der Minister für Chemische Industrie ist für die bedarfsgerechte Bereitstellung von Arzneimitteln zur Vdrsorgung des Gesundheitswesens verantwortlich. Die Durchführung dieser Aufgaben erfolgt durch die VVB Pharmazeutische Industrie als bilanzbeauftragtes Organ für Arzneimittel auf der Grundlage der staatlichen Planauflagen.

(2) Zur Deckung des Bedarfes an Arzneimitteln werden alle an der Versorgung beteiligten Kombinate und Betriebe der zentral- und bezirksgeleiteten chemischen Industrie und der örtlichen Versorgungswirtschaft über die Erzeugnisgruppenarbeit durch die VVB Pharmazeutische Industrie angeleitet und kontrolliert.
(3) Im Interesse der bedarfsgerechten Versorgung sind alle im § 1 Abs. 1 genannten Beteiligten verpflichtet, eine vorrangige Einordnung der notwendigen Fonds zur Deckung des Bedarfes an Roh-, Grund- und Hilfsstoffen, Verpackungsmitteln, Ausrüstungen und Arzneifertigwaren einschließlich der Importfonds mit der Herausgabe der staatlichen Aufgaben und staatlichen Planauflagen zu gewährleisten.
(4) Zur Gewährleistung einer ausreichenden Disponibilität in der Produktion hat die pharmazeutische Industrie schrittweise mit der Rationalisierung und Rekonstruktion ganzer Produktionslinien bei versorgungsbestimmenden Maschinen und Aggregaten eine Kapazitätsreserve bis zu 10% vorwiegend bei Formgebungs- und Konfektionierungslinien aufzubauen und mit den jeweiligen Plänen den zuständigen zentralen Staatsorganen zur Bestätigung vorzulegen.

§ 5

(1) Der Minister für Gesundheitswesen ist für die bedarfsgerechte Vorrats-, Bestands- und Reservehaltung an Arzneifertigwaren sowie deren ordnungsgemäße Wälzung verantwortlich. Die Durchführung dieser Aufgabe erfolgt durch das Staatliche Versorgungskontor für Pharmazie und Medizintechnik als Fondsträger für Arzneimittel sowie durch das Apothekenwesen.
(2) Das Staatliche Versorgungskontor für Pharmazie und Medizintechnik und das Apothekenwesen sind Hauptvorratshalter für Arzneifertigwaren. Sie haben einen ständigen Überblick über die Bestandsentwicklung zu gewährleisten.
(3) Die Höhe der Vorräte, Bestände und Reserven im Staatlichen Versorgungskontor für Pharmazie und Medizintechnik wird in den Jahresplänen durch das Ministerium für Gesundheitswesen festgelegt. Die Finanzierung dieser Vorräte erfolgt aus Eigenmitteln und Krediten.
(4) Die Höhe der Vorräte, Bestände und Reserven im Apothekenwesen wird in den Jahresplänen durch das Ministerium für Gesundheitswesen in Abstimmung mit dem Ministerium der Finanzen und anderen staatlichen Organen festgelegt.
(5) Für die Bildung, Wälzung und Verwendung spezieller Arzneimittelreserven hat der Minister für Gesundheitswesen in Abstimmung mit den zuständigen Organen gesonderte Regelungen zu treffen.

§ 6

(1) Für die Arzneifertigwaren, bei denen Bedarfsveränderungen während des laufenden Planjahres nicht vollständig durch die Bestände ausgleichbar sind, ist der präzisierte Bedarf an Arzneifertigwaren für das 2. Halbjahr der pharmazeutischen Industrie bis zum

15. April des laufenden Jahres mitzuteilen und der Produktionsplanung und -durchführung zugrunde zu legen. Mit Hilfe der Vorratshaltung an Arzneifertigwaren ist zu gewährleisten, daß eine Bedarfspräzisierung pro Erzeugnis in Menge und Wert um ±10% die vertraglich gebundene Halbjahresmenge nicht übersteigt.
(2) Der geänderte Bedarf an Roh-, Grund- und Hilfsstoffen sowie Verpackungsmitteln, der sich aus dem gemäß Abs. 1 präzisierten Bedarf ergibt und nicht aus Beständen der arzneimittelherstellenden Betriebe ausgeglichen werden kann, ist den Kooperationspartnern bis zum 15. Mai mitzuteilen. Dieser geänderte Bedarf ist der weiteren Produktionsplanung und -durchführung zugrunde zu legen und vorrangig abzudecken.
(3) Die sich aus den Bedarfspräzisierungen ergebenden Auswirkungen auf die staatlichen Planauflagen der pharmazeutischen Industrie und der Kooperationspartner sind unter Berücksichtigung ihrer Realisierungsbedingungen durch die Kombinate und Betriebe ihren übergeordneten Organen bis Ende Mai als Planänderungsanträge einzureichen. Über die Anträge ist nach den dafür getroffenen Festlegungen zu entscheiden.
(4) Änderungen der Wirtschaftsverträge für Lieferungen und Leistungen von Arzneifertigwaren, Roh- Grund- und Hilfsstoffen sowie Verpackungsmitteln für Arzneimittel auf Grund von Bedarfsänderungen gemäß den Absätzen 1 und 2 sind durch die Vertragspartner bis zum 31. Mai des laufenden Jahres herbeizuführen. Eine Berechnung von Sanktionen ist nicht zulässig.

§ 7

Arzneimittel, die zur Produktion von Arzneimitteln notwendigen Roh-, Grund- und Hilfsstoffe sowie Verpackungsmittel für Arzneimittel werden in die Klassifikation der „vorrangig zu transportierenden Güter" aufgenommen.

§ 8

Diese Anordnung tritt mit ihrer Veröffentlichung in Kraft. Sie ist erstmalig bei der Ausarbeitung des Planes 1979 anzuwenden.

Anweisung über die Anwendung des Sachkontenrahmens des staatlichen Apothekenwesens

vom 16. August 1978

(VuM MfGe Nr. 7 S. 64)

Zur Sicherung einer einheitlichen Durchsetzung von Rechnungsführung und Statistik erhält die Anlage 9 (Sachkontenrahmen des staatlichen Apothekenwesens) der Methodik zur Ausarbeitung des Staatshaushaltsplanes — Teil Gesundheits- und Sozialwesen —[1]) ab 1. Januar 1979 die als Anlage aufgeführte Fassung.

Anlage

zur vorstehenden Anweisung

Anlage 9 der Methodik zur Ausarbeitung des Staatshaushaltsplanes — Teil Gesundheits- und Sozialwesen — Sachkontenrahmen des staatlichen Apothekenwesens

(Stand: 1. 1. 1979)

160011	Wareneinkauf Drogen und Chemikalien
160012	Wareneinkauf Arzneifertigwaren mit 35% Rabatt
160013	Wareneinkauf Arzneifertigwaren mit 25% Rabatt
160014	Wareneinkauf Verbandstoffe
160015	Wareneinkauf Labordiagnostika
160016	Wareneinkauf Behältnisse
160017	Wareneinkauf Nebenkosten Pharmazie
16001	**Wareneinkauf Pharmazie insgesamt[2])**
160020	Wareneinkauf Medizintechnik
16	**Wareneinkauf insgesamt**
230000	Forderungen aus Rechnungsausgang
230001	Forderungen aus Barumsatz/Tageskasse
230002	Forderungen aus Warenumlagerungen
23	**Forderungen aus Warenlieferungen insgesamt**
262000	Forderungen an Betriebsangehörige
269000	Umbewertung, Erstattung, Finanzen u. a.
26	**Sonstige Forderungen insgesamt**

2	**Forderungen insgesamt**
315100	Elektroenergie, Gas, Wasser
315200	Wärmeenergie
315300	Brennstoffe
315800	Kraftstoffe
316500	geringwertige und schnellverschleißende Arbeitsmittel
317100	Chemikalien und Laborbedarf
317203	Reinigungsmaterial und sonst. Verbrauchsmaterial für Gebäude
317204	Büromaterial
317205	Betriebsbedarf
3172	**Wirtschaftsbedarf und Büromaterial**
317300	Aufwendungen für Papier und Papiererzeugnisse
317500	Unterrichts- und Lernmittel
317700	Bücher, Zeitungen, Zeitschriften, Gesetzblätter
317800	Arbeitsschutz-, Hygiene- u. Dienstbekleidung
31	**Materialverbrauch insgesamt**
321211	Reparaturleistungen, Werterhaltung für Grundmittelarten 0 bis 1
321212	Reparaturleistungen, Werterhaltung für Grundmittelarten 2 bis 9
321220	Sonstige Reparaturleistungen
3212	**Reparaturleistungen, Werterhaltung insgesamt**
322000	Fracht- und Transportkosten
323000	Nachrichtenbeförderungsleistungen
325100	Aufklärung und Information
326000	Leistungen der Datenverarbeitung
329200	Sonstige produktive Leistungen
32	**Produktive Leistungen insgesamt**
330001	Wareneinsatz Pharmazie
330002	Wareneinsatz Medizintechnik
33	**Wareneinsatz insgesamt**
341101	Vergütung der Apotheker
341102	Vergütung zusätzlicher Leistungen (Bereitschaftsdienst)
341103	Vergütung des mittleren pharmazeutischen Personals
3411	**Lohnfonds Fachpersonal**
341201	Lohnfonds übriges qualifiziertes Personal
341202	Lohnfonds angelerntes und ungelerntes Personal
3412	**Lohnfonds übriges Personal**
341	**Lohnfonds insgesamt**
345000	Lehrlingsentgelte
346000	Honorare

347000	Prämien und Vergütungen außerhalb zweckgebundener Fonds
348000	Kultur- und Sozialfonds
348001	Überhang Kultur- und Sozialfonds
348100	Prämienfonds
348101	Überhang Prämienfonds
34	**Löhne, Vergütungen, Prämien**
351000	Reisekosten, Trennungsentschädigungen, Abordnungsgeld
351001	Reisekosten priv. Kfz und Mietfahrzeug
354000	Geldzuwendungen für soziale Zwecke (Weihnachtszuwendungen)
355000	sonstige Geldzuwendungen (Essengeldzuschuß)
358000	Sonderstipendien
35	**Entschädigungen und Zuwendungen insgesamt**
371000	Sonstige nichtproduktive Leistungen, Gebühren und Beiträge
372000	Schülerbeförderungskosten
373000	Rechts-, Beratungs- und Gerichtskosten
37	**Übrige Kosten**
386100	Betriebsanteile zur Sozialversicherung und Unfallumlage
386200	Betriebsanteile zur freiwilligen Zusatzrentenversicherung
38	**Versicherungsbeiträge**
391201	Warenverluste
391202	Warenverluste Mindestvorratsnorm
391203	Wälzungskosten Mindestvorratsnorm
391500	Vertrags- und Verzugsleistungen, Sanktionen
399200	Mieten, Pachten, Nutzungsentgelte
399900	Kosten für die Teilnahme von Beschäftigten am Werkküchenessen Dritter
39	**Sonstige Ausgaben**
3	**Kosten insgesamt**
558101	Umlaufmittelabführung Pharmazie
558102	Umlaufmittelabführung Medizintechnik
5581	**Umlaufmittelabführung**
559101	Überschuß des laufenden Jahres
559102	Überschuß aus Vorjahr
5591	**Überschuß**
55	**Abführungen an Haushalt**
573100	Bürokassenvorschuß
573101	Kasse Anfangsbestand am 1. 1.
573102	Tageskasse brutto
573103	Kasse Kleinausgaben

573104	Kasseneinzahlung bei der Bank o. ä.
57	**Kassenabrechnung**
582101	finanzielle Aufwendungen für Gebäude (Grundmittelarten 0 bis 1)
582102	finanzielle Aufwendungen für technologische Ausrüstung (Grundmittelarten 2 bis 8)
582103	finanzielle Aufwendungen für Büroeinrichtungen (Grundmittelart 9)
58	**Ausgaben für Investitionen insgesamt**
593300	Vortrag der Verbindlichkeiten des Vorjahres
59	**Vortrag der Verbindlichkeiten des Vorjahres**
5	**Sonstige Ausgaben insgesamt**
517101	Umlaufmittelzuführung Pharmazie
517102	Umlaufmittelzuführung Medizintechnik
5171	**Umlaufmittelzuführungen**
519900	Investitionen
51	**Zuführungen durch den Haushalt**
543200	Bankbestand Vorjahr
543201	Kassenbestand Vorjahr
543300	Forderungen aus dem Vorjahr
543101	Vortrag aus Prämienfonds des Vorjahres
543102	Vortrag aus Kultur- und Sozialfonds des Vorjahres
54	**Übertragene Mittel aus dem Vorjahr**
5	**Sonstige Einnahmen**
772211	Warenerlöse bar (Pharmazie)
772212	Warenerlöse Versicherungsträger (Pharmazie)
772213	Warenerlöse staatliches Gesundheitswesen u. a. gesellschaftliche Bedarfsträger (Pharmazie)
772214	Warenerlöse Abt. Herstellung
772215	Warenerlöse zentrales Chemikalienlager
77221	**Warenerlöse Pharmazie**
772221	Warenerlöse bar (Medizintechnik)
772222	Warenerlöse Versicherungsträger (Medizintechnik)
772223	Warenerlöse staatliches Gesundheitswesen u. a. gesellschaftliche Bedarfsträger (Medizintechnik)
77222	**Warenerlöse Medizintechnik**
7722	**Warenerlöse insgesamt**
772300	übrige Einnahmen
7723	**übrige Einnahmen**
77	**Erlöse insgesamt**

830000	Verbindlichkeiten aus Wareneinkauf
830001	Verbindlichkeiten aus Kosten
83	**Verbindlichkeiten aus Wareneinkauf und Kosten**
862000	Verbindlichkeiten an Betriebsangehörige (Löhne u. ä.)
869000	Sonstige Verbindlichkeiten (aus Gewinnabführung, Barzahlung, Umbewertung)
869001	Verbindlichkeiten aus Prämienfonds
869002	Verbindlichkeiten aus Kultur- und Sozialfonds
86	**Sonstige Verbindlichkeiten insgesamt**
8	**Verbindlichkeiten insgesamt**

[1]) Sonderdruck des Ministeriums für Gesundheitswesen, Staatsverlag der DDR, wurde den Beteiligten direkt zugestellt.

[2]) Die hervorgehobenen Positionen stellen Summenstufen dar und keine Eingabekonten.

Anweisung über Standard-Rezepturen
vom 24. Juni 1969
(VuM MfGe Nr. 18 S. 115)

1.

(1) Zur Herstellung bestimmter Arzneimittel in den Apotheken werden Standard-Rezepturen verbindlich festgelegt.
(2) Standard-Rezepturen werden im Auftrage des Ministeriums für Gesundheitswesen vom *Deutschen Institut für Arzneimittelwesen*[1]), bei Arzneimitteln zur Anwendung in der Veterinärmedizin gemeinsam mit dem Staatlichen Veterinärmedizinischen Prüfungsinstitut erarbeitet und bekanntgemacht.
(3) Nach Standard-Rezepturen hergestellte Arzneimittel können in den Apotheken unter Beachtung der Bestimmungen der Ziff. 2 in zur Abgabe an Verbraucher fertigen Abpackungen vorrätig gehalten und abgegeben werden.

2.

(1) Arzneimittel, die nach Standard-Rezepturen hergestellt worden sind, dürfen nur so lange lose oder abgabefertig vorrätig gehalten werden, wie bei Anwendung entsprechend der Gebrauchsanweisung ihr Verbrauch innerhalb der festgelegten Haltbarkeitsfrist gewährleistet ist.
(2) Ist bei nach Standard-Rezepturen hergestellten Arzneimitteln eine Haltbarkeitsbegrenzung nicht angegeben, gilt eine solche von 6 Monaten. Für im *Deutschen Arzneibuch*[2]) beschriebene Zubereitungen gilt die dort festgelegte Haltbarkeitsdauer.
(3) Der Zeitraum der Haltbarkeit beginnt jeweils mit der Herstellung des Arzneimittels aus den vorgeschriebenen Stoffen und Zubereitungen. Die Angabe der Chargen-Nummer muß sich auf den Zeitpunkt der Herstellung beziehen.
(4) Auf den Vorrats- und Abgabegefäßen von Arzneimitteln, die nach Standard-Rezepturen hergestellt worden sind, darf sich die Bezeichnung auf die Angabe der Standard-Rezeptur beschränken.

3.

(1) Soweit für die Herstellung von Arzneimitteln in den Apotheken andere Vorschriften als die der Standard-Rezepturen oder des *Deutschen Arzneibuches*[2]) zugrundegelegt werden, ist ein abgabefertiges Vorrätighalten der Arzneimittel nicht zulässig. Bei diesen Arzneimitteln ist auf den Vorrats- und Abgabegefäßen als Beschriftung die Bezeichnung der Vor-

schrift, nach der die Herstellung erfolgte, nicht zulässig. Es ist jeweils die vollständige Zusammensetzung anzugeben.
(2) Hinsichtlich der Haltbarkeit von Arzneimitteln gemäß Abs. 1 finden die Bestimmungen der Ziff. 2 entsprechende Anwendung.

4.

Auf die Herstellung bzw. Abgabe von Arzneimitteln, die nach Standard-Rezepturen hergestellt worden sind, finden im übrigen die Bestimmungen des Arzneimittelgesetzes vom 5. Mai 1964 (GBl. I S. 101)[3]) und der Apothekenordnung vom 27. Februar 1958 (GBl. I S. 231)[4]) sowie der hierzu erlassenen Durchführungsbestimmungen[5]) Anwendung.

5.

Diese Anweisung tritt am 1. Oktober 1969 in Kraft.

[1]) Jetzt: Institut für Arzneimittelwesen der DDR.
[2]) Jetzt: Arzneibuch der DDR. S. hierzu auch C **05 05** 20.
[3]) Abgedruckt unter C **01** 01.
[4]) Abgedruckt unter A II 1 der GfA.
[5]) Abgedruckt unter A II 1aff. der GfA.

Verfügung Nr. 5/70 des Institutes für Arzneimittelwesen der DDR vom 27. Januar 1970

— Auszug —

Betr.: Zusätzliche Herstellung von Arzneifertigwaren in Apotheken

Soweit die zusätzliche Fertigung von im Arzneimittelregister der DDR eingetragenen Arzneimitteln in Apotheken notwendig ist, muß die Deklaration folgende Mindestforderungen enthalten:

a) Warenzeichen (Name der Arzneifertigware), dahinter in Klammern den Buchstaben E zur Kennzeichnung der Eigenherstellung,
b) Chargennummer oder Herstellungsdatum,
c) Preis (ensprechend der Fertigware),
d) Gebrauchsanweisung,
e) Name und Anschrift der Apotheke.

Bezüglich der Benutzung der Warenzeichen (Namen der Arzneifertigwaren) in der mitgeteilten Form ist am 22. 1. 1970 Abstimmung erfolgt. Bei den angefertigten Arzneimitteln müssen Art und Menge der Wirkstoffe der Originalrezeptur entsprechen. Das abgabefertige Vorrätighalten solcher Arzneimittel ist bis auf Widerruf zulässig, soweit seitens der Versorgungsdepots die betreffenden Arzneifertigwaren nicht lieferbar sind.

Anordnung über den Gesundheitsschutz im Rahmen der Feriengestaltung der Schüler und Studenten sowie der Urlaubsgestaltung der Lehrlinge

vom 7. März 1977

(GBl. I Nr. 9 S. 81) – Auszug –

§ 1

(1) Diese Anordnung gilt für alle Formen der organisierten Ferien- und Urlaubsgestaltung (nachfolgend Ferienlager genannt) gemäß den §§ 2 bis 10 der Anordnung vom 1. September 1972 über die weitere Entwicklung der Feriengestaltung der Schüler und Studenten sowie der Urlaubsgestaltung der Lehrlinge (GBl. II Nr. 64 S. 693). Sie ist für alle sonstigen Lager für Kinder und Jugendliche entsprechend anzuwenden.
(2) Für die hygienische Gestaltung der Ferienlager und die medizinische Betreuung der Teilnehmer gilt die Gesundheitsrichtlinie gemäß Anlage 1.
(3) Für die Einrichtung der nach der Gesundheitsrichtlinie erforderlichen Sanitätsstation gelten die Ausstattungsnormative gemäß Anlage 2, für die Grundausstattung an Medikamenten und Verbandmitteln die Richtwerte der Anlage 3.

Anlage 1 (Auszug)

5. Materielle Voraussetzungen der medizinischen Betreuung

In jedem Ferienlager und jeder Außenstation muß mindestens ein Verbandkasten III entsprechend der Arbeitsschutzanordnung 20/1 vom 4. August 1969 – Erste Hilfe bei Unfällen und Erkrankungen von Werktätigen im Betrieb – (Sonderdruck Nr. 636 des Gesetzblattes) im Raum des Leiters vorhanden sein.

5.1. Zentrale Pionierlager und andere Ferienlager mit mehr als 500 Teilnehmern

Es ist eine der Richtlinie für die Planung und Projektierung von zentralen Pionierlagern entsprechende Sanitätsstation mit den Funktionseinheiten

– ambulante medizinische Betreuung
– stationäre Betreuung
– Unterkünfte für das medizinische Personal
– sanitäre Anlagen

einzurichten.
Für die Berechnung der erforderlichen Anzahl von Krankenbetten ist mindestens ein Prozent der maximalen Lagerkapazität zuzüglich eines Isolierbettes zugrunde zu legen.

Die Krankenräume sind für Jungen und Mädchen getrennt vorzusehen. Doppelstockbetten dürfen nicht verwendet werden.
Die Sanitätsstation ist entsprechend der Anlage 2 der Anordnung einzurichten. Für die Grundausstattung an Medikamenten und Verbandmitteln für die Sanitätsstation gilt Anlage 3 der Anordnung. Die Einrichtung und die Grundausstattung der Sanitätsstation und des Verbandkastens sind aus Mitteln des Trägerbetriebes bis spätestens 2 Tage vor Beginn des Lagers vorzunehmen. Verantwortlich dafür ist der Betriebsarzt des Trägerbetriebes. Die Ergänzung der Grundausstattung mit Arzneimitteln, Verbandstoffen usw. erfolgt ebenfalls aus Mitteln des Trägerbetriebes, wobei je Teilnehmer und Durchgang —,50 M zu planen sind. Der darüber hinaus erforderliche Bedarf für Behandlungsfälle ist vom Lagerarzt durch Einzel- bzw. Sammelrezepte (mit Angabe des Namens des Patienten) auf Kosten der Sozialversicherung zu beziehen.
Der Lagerarzt ist dafür verantwortlich, daß der Arzneimittelbezug im richtigen Verhältnis zur Lagerdauer und Teilnehmerzahl steht, so daß mit Beendigung des Lagers ein möglichst geringer Bestand verbleibt. Der Endbestand ist der medizinischen Einrichtung des Trägerbetriebes zu übergeben.

5.2. Ferienlager mit weniger als 500 Teilnehmern

Zur kurzzeitigen Unterbringung Erkrankter im Lager müssen mindestens vorhanden sein:

bis zu 50 Teilnehmer	1 Krankenbett
bis zu 100 Teilnehmer	2 Krankenbetten
bis zu 200 Teilnehmer	3 Krankenbetten
bis zu 500 Teilnehmer	4—5 Krankenbetten.

Hierfür sind in Lagern bis zu 100 Teilnehmern 1 Raum und in Lagern mit mehr als 100 Teilnehmern mindestens 2 Krankenräume — je 1 Raum für Jungen und Mädchen — vorzusehen.
Die Einrichtung und Ausstattung sollte nach Möglichkeit den in der Anlage 2 der Anordnung festgelegten Normativen für Leichtkrankenzimmer entsprechen.
In Ferienlagern mit mehr als 200 Teilnehmern sollte zusätzlich ein Raum für die Durchführung der ambulanten medizinischen Betreuung zur Verfügung stehen.
Verantwortlich für die Einrichtung und Ausstattung des Krankenzimmers sowie gegebenenfalls des Behandlungsraumes ist der Träger des Ferienlagers.

Anlage 2

Ausstattung der Sanitätsstation

1 Untersuchungsliege
1 Instrumententisch mit 2 Schalen, fahrbar
1 Instrumentenschrank (zweitürig)

1 Medikamentenschrank (zweitürig)
1 Schreibtisch
1 Schreibtischsessel
1 Wäsche-Garderobenschrank
2 Patientenstühle
1 Schreibtischleuchte mit Glühlampe
1 Heißluftsterilisator — Aero-Steril mit Prüfattest und Tisch
1 Notfall-Koffer, komplett
3 Erste-Hilfe-Taschen für Schwestern
1 Lichtbügel
2 Wandschirme mit Vorhang
1 Arztwaschtisch mit Kalt- und Warmwasser oder andere Waschmöglichkeiten
1 Heizkissen
1 Rotlichtlampe
2 Tragen (1 in der Lagerleitung)
1 Drehhocker
1 Drehstuhl
1 Papierkorb
1 Abfalleimer
1 Telefonanschluß
3 Steckdosen oder Anlage mit Verlängerungsschnur zum Anschluß des Steris — Schreibtischleuchte — usw.
3 Waschschüsseln
2 Handbürsten
2 Flaschenbürsten zur Säuberung von Spritzen (2-cm^3-Spritzen — 20-cm^3-Spritzen)
10 Gummiunterlagen
6 Eisbeutel oder Kühlakku
1 Federschale
1 Zettelkasten mit Papier
1 Stempelkissen
1 Kühlschrank
2 Scheuereimer
4 Scheuertücher und dazu Scheuermittel
4 Wischtücher
4 Staubtücher
1 Schrubber
1 Besen
1 Müllschippe
1 Handfeger
4 Handtücher
4 Geschirrtücher

Einrichtung der Leichtkrankenzimmer

Geschirr und Bestecke entsprechend Bettenzahl und 5 Reserve, in jedem Zimmer:

1 Tisch
1 Schrank
1 Waschbecken, nach Möglichkeit mit fließendem Warm- und Kaltwasser

je Bett: 1 Stuhl
1 Kopfkissen
2 Bezüge
2 Laken
2 Stecklagen
2 Kissenbezüge
3 Decken
2 Handtücher

Instrumentarium und Kleingeräte

2 Blutdruckapparate
2 Schlauchstethoskope
3 sterile Infusionsbestecke (2 davon im Notfallkoffer)
1 Reflexhammer
1 Otoskop (elektrisch, mit funktionstüchtiger Batterie)
1 Pulsuhr
2 Watteglàser
2 Pinzettengläser
6 kleine Petrischalen (für Kanülen)
6 Erkaschalen verschiedener Größen für Spritzen – Instrumente – steril
1 große Trommel mit 10 chirurgischen Tüchern (davon 5 Schlitztücher)
1 kleine Trommel mit Lagen und Tupfern
10 Nierenschalen
1 Kornzange, gerade
1 Kornzange, gebogen
5 anat. Pinzetten 14,5 cm
5 chirurgische Pinzetten
2 Splitterpinzetten
1 Glas für Spatel
2 Verbandscheren
2 chirurg. Scheren, gerade
2 chirurg. Scheren, gebogen

2 chirurg. Scheren, stumpf – spitz
2 chirurg. Scheren, gebogen stumpf – spitz
3 Skalpelle, verschiedene Größen
5 Recordspritzen 2 ml
5 Recordspritzen 5 ml
5 Recordspritzen 10 ml
2 Recordspritzen 20 ml
5 Glasspritzen 2 ml
5 Glasspritzen 5 ml
5 Glasspritzen 10 ml
2 Glasspritzen 20 ml
6 Paratusbestecke, verschiedene Größen
10 Dutzend Kanülen, verschiedene Größen
2 Dutzend Serumkanülen
1 Gummikeil
1 Mundsperrer nach Heister
1 Mundmaske
2 Nadelhalter
20 chirurg. Nähnadeln, verschiedene Größen
1 Wundklammerzange
50 Wundklammern, verschiedene Größen
200 Verbandklammern
10 Cramerschienen, verschiedene Größen
20 OP-Handschuhe, steril zum einmaligen Gebrauch
2 Arterienklemmen
5 Fieberthermometer
1 Taschenlampe mit funktionstüchtiger Batterie
2 Staubinden oder Stauschläuche
100 Watteträger
3000 Holzspatel
1 Glas für Watteträger
1 kleine Petrischale für Verbandklammern
5 Augenschalen zum Spülen
1 Telefonverzeichnis

Krankenhauseinweisungsscheine
Überweisungsscheine
Rezeptvordrucke

Anlage 3

Grundausstattung an Medikamenten und Verbandmitteln für die Sanitätsstation

Antemetika	Kinetosin	8 OP
Analgetika	Aminophenazon 0,3 Tabl.	5 OP
	Analgin-Tabl.	3 OP
	Eufibron Supp. 0,2	5 OP
	Gelonida ant. – Tabl.	2 OP
	Copyrkal – Tabl.	3 OP
	Copyrkal – Supp.	5 OP
	Spalt – Tabl.	5 OP
	Titretta analg. – Supp.	2 OP
	Spasdolsin – Supp.	2 OP
Analeptika	Deumacard liq.	1 OP
Antidiarrhoika	Adsorgan	10 OP
	Kohle – Tabl.	2 OP
Antirheumatika	Wofapyrin – Drg.	2 OP
	Wofapyrin – Amp.	1 OP
	Phenylbutazon – Amp.	1 OP
	Phenylbutazon – Drg.	2 OP
	Camphoderm	5 OP
Antiallergika	AH 3 – Drg.	5 OP
	AH 3 C – Drg.	5 OP
	Prothazin – Drg.	5 OP
	Prednisolut – Amp. 10 mg	2 OP
	Prednisolut – Amp. 25 mg	2 OP
Antibiotika	V-Tablopen – Tabl.	10 OP
Chemotherapeutika	Retacillin comp. 1,2 Mill. IE	5 OP
	Retacillin comp. 600000 IE	5 OP
	Berlicetin – Drg. (0,25 g)	10 OP
	Jenacillin A 400000/E	10 OP
	Talisulfazol	20 OP
	Sulfaclomid – Tabl.	10 OP
	Mebacid – Tabl.	10 OP
	Formylsulfamethin	10 OP
Antidota	Ahypnon Amp.	1 OP

Antithrombotika	Hepathromb-Salbe	5 OP
Antitussika	Ephetussin – Tr.	5 OP
	Tryasol – Tr. o. Codein	5 OP
	Bromhexin – Drg.	5 OP
	Bromhexin – Tr.	5 OP
Antasthmatika	Ephedrin – Tabl.	2 OP
	Hyasthmon – Amp.	1 OP
Anästhetika	Procain – Amp. 1%	1 OP
	Procain – Amp. 2%	1 OP
	Anaesthesie – Spray	1 OP
Cholagoga	Biliton	2 OP
	Cholecysmon	1 OP
	Karlsbader Salz	100,0
Chirurg. Nahtmaterial	Catgut, steril Stärke 00	1 OP
	Dederon, steril Stärke 1/0	1 OP
Dermatika	Afungin – Spray	1 OP
	Chloramphenicol – P Salbe	5 OP
	Prednisolon-Salbe 20,0	1 OP
	Vaopin – Gel	5 OP
	Borsäure – Salbe 3%	1 OP
	Lebertransalbe	5 OP
	Zink-Paste LAW	5 OP
	Panthenol – Spray	1 OP
	Nifucin – Gel	5 OP
	Brevicid – Puder	5 OP
	Sol. Castellani sin. col.	3 × 100,0
	Prothanon – Gel	5 OP
	Elasan – Babyoel	2 OP
	Äthanol c. Benzino bzw. Propanol	1000,0
Desinfizientia	Sepso – Tinktur	2 × 150,0
	Fesia – pin	1000,0
	Fesia – mon	1000,0
	Fesia – form	5000,0
	Wofasept	2000,0
Hämostyptika	Gelaspon	3 OP
	Haemophobin – Amp.	1 OP

Gynäkologika	Mensoton – Tabl.	5 OP
	Methylergobrevin – Amp.	1 OP
Kardiaka	Strophanthin – Amp. 0,25 mg	1 OP
Kalziumpräparate	Calcium gluconicum – Amp.	5 OP
Laxantia	Glycerin – Supp.	2 OP
	Leo-Pillen	1 × 100 Pillen
Muskelrelaxantia	Faustan – Amp.	1 OP
Ophthalmika	Proculin – Augentr.	3 OP
Otalgika	Otalgan – Tr.	2 OP
Laryngologika	Flavamed – Tabl.	10 OP
	Targophagin – Tabl.	10 OP
	Falimint	10 OP
	Siccoform	20 OP
Rhinologika	Diabenyl – Rhinex	10 OP
	Rhinex S	2 OP
Sedativa	Lepinal – Amp.	1 OP
	Lepinaletten	3 OP
Stomachika	Carvomin – Tr.	5 OP
Antazida,		
Karminativa,		
Pankreaspräparate	Kamillan – Tr.	5 OP
	Mezym forte – Drg.	2 OP
	Simagel – Tabl.	5 OP
	Pepzitrat – Tabl.	5 OP
	Tepilta	3 OP
Tranquilizer	Meprobamat – Tabl.	2 OP
	Radepur – Drg.	2 OP
Tees	Pfefferminz	100,0
	Kamille	400,0
Spasmolytika	Papaverin – Amp.	1 OP
	Spasdolsin – Amp.	1 OP
	Spasmonal – Drg.	1 OP
	Paverysat – Tr.	2 OP
Urologika	Nifurantin – Drg. 100 mg	2 OP
Vasokonstriktanzien	Pholedrin – Amp.	3 OP
	Pholedrin-liq.	5 OP
	Pholedrin longo Drg.	2 OP

Vasodilatanzien	Nitrangin – liq.	1 OP
	Nitrangin – comp.	1 OP
	Valocordin – Tr.	5 OP
	Ammoniak-Lavendel – Amp.	10 OP
Verbandmaterial	elastische Binden	
	4 m × 6 cm breit	10 Stück
	4 m × 8 cm breit	10 Stück
	4 m × 12 cm breit	10 Stück
	Trikotschlauchbinden	
	4 m × 8 cm breit	10 Stück
	4 m × 15 cm breit	10 Stück
	Mullbinden Glattschnitt für Cramerschienen 10 cm breit 50 Stück	
	Festkantbinden	
	4 m × 6 cm breit	25 Stück
	4 m × 8 cm breit	25 Stück
	4 m × 10 cm breit	25 Stück
	4 m × 12 cm breit	25 Stück
	Verbandzellstoff	3 × 1 000,0
	Verbandwatte	2 × 1 000,0
	Polsterwatte	1 000,0
	Verbandmull	5 × 1 m
	Verbandwatte zum Verkauf	10 × 50,0
	Kerma – Kompressen Nr. 515 verschiedene Größen	4 OP
	Tamponade, steril	
	5 × 1 cm breit	1 OP
	Steri – Tupf (Mulltupfer, steril) verschiedene Größen	2 OP
	Mastibal	2 OP
	Verbandpflaster	
	elastische Pflasterbinden	
	2,5 m × 8 cm breit	5 OP
	2,5 m × 10 cm breit	5 OP
	Ankerplast – Spray	2 OP
Wundschnellverband	Kartonpackung	
	5 m × 4 cm breit	2 OP
	5 m × 6 cm breit	2 OP

Rollenpflaster	
5 m × $1^1/_4$ cm breit	5 Rollen
5 m × $2^1/_2$ cm breit	5 Rollen
Augenkompressen	
Armtragegurte	5 Stück
Armtragetücher	5 Stück
Augenklappen	5 Stück
Lederfingerlinge	20 Stück
verschiedene Größen	
Wassergläser	20 Stück
Medizingläser	20 Stück
Rivanol 1 0/00	1000,0
Mücken-Spray	2 OP
Delitex – Puder	5 OP
Sulfo – Perscatol	5 OP

Kapitelinhaltsverzeichnis

Kapitel F

Giftrecht

Anordnung über die Inkraftsetzung der Liste der Schadstoffe

vom 12. Dezember 1977

(GBl. I 1978 Nr. 3 S. 53; Anl.: GBl.-SDr. Nr. 945)

Im Einvernehmen mit den Leitern der zuständigen zentralen Staatsorgane wird folgendes angeordnet:

§ 1

Gemäß § 8 Abs. 2 der Zweiten Durchführungsbestimmung vom 21. April 1977 zur Sechsten Durchführungsverordnung zum Landeskulturgesetz Schadlose Beseitigung toxischer Abprodukte und anderer Schadstoffe – (GBl. I Nr. 15 S. 161) wird die Liste der Schadstoffe (Anlage) in Kraft gesetzt.

§ 2

(1) Diese Anordnung tritt am 1. Januar 1978 in Kraft.

(2) Erforderliche Aktualisierungen werden im Sonderdruck des Gesetzblattes veröffentlicht.

Anlage

zu vorstehender Anordnung

Liste der Schadstoffe

In der nachfolgenden Liste werden Wirkstoffe von Pflanzenschutzmitteln, Vorratsschutzmitteln, Mitteln zur Steuerung biologischer Prozesse, Holzschutzmitteln und Mitteln zur Bekämpfung von Gesundheitsschädlingen, soweit sie nicht im Verzeichnis der eingestuften Gifte enthalten sind, mit der chemischen Bezeichnung sowie der ISO-Kurzbezeichnung angegeben. Die Bezeichnungen der Handelsprodukte sind dem jeweils gültigen Pflanzenschutzmittelverzeichnis[1]) zu entnehmen. Als weiteres Hilfsmittel zur Einschätzung der Schadstoffe kann der Wasserschadstoffkatalog[2]) herangezogen werden.
Die Bestimmungen der Zweiten Durchführungsbestimmung vom 21. April 1977 zur Sechsten Durchführungsverordnung zum Landeskulturgesetz sind auf die Schadstoffe selbst sowie auf Abprodukte, die diese Schadstoffe enthalten, anzuwenden.
Alle Stoffe, die gemäß der Zweiten Durchführungsbestimmung vom 31. Mai 1977 zum Giftgesetz – Verzeichnis eingestufter Gifte – (GBl. I Nr. 21 S. 279) als hochgiftig (Gifte

der Abteilung 1) oder giftig (Gifte der Abteilung 2) in das Verzeichnis eingestufter Gifte aufgenommen wurden, sind nicht in der Liste der Schadstoffe aufgeführt. Für sie ist das Verzeichnis der eingestuften Gifte anzuwenden.

Acetamid
Acetonoxim
Acetonzyannitril
Acetophenon
Adipinsäuredinitril
Aldol
Aliphatische Aldehyde
Aliphatische Monokarbonsäuren
Aliphatische Nitroverbindungen
Allylaldehyd
o-Aminobenzoesäure (Anthranilsäure)
4-Amino-6-tert.-butyl-3-methylthio-4,5-dihydro-1,2-triazin5-on (Metribuzin)
2-Amino-4,6-dinitrophenol (Pikranminsäure)
Aminonaphthaline
2-Amino-4-nitrophenol
Aminophen-0,0-Dibutyl-1-butylaminocyolohexan-phosphonat
3-Amino-1,2,4-triazol (Amitrol)
Amitrol = 3-Amino-1,2,4-triazol
Ammoniaklösung
Amylalkohol, tertiärer
Anthracen
Anthrachinon
Anthranilsäure
Äthandiol-(1,2) (Glykol)
Äthylacetat
4-Äthylamino-2-tert.-bu tylamino-6-methyl-thio-s-triazin (Terbutryn)
Äthylbenzol
Äthylendiamin
Äthylendiamintetraessigsäure
Äthylenglykoläther
Äthylenimin
Äthylenthioharnstoff
Atrazin = 2-Chlor-4-äthylamino-6-isopropylamino-1,3,5-triazin

Benzaldehyd (Bittermandelöl)
Benzanthracene
Benzin
Benzoesäure

Benzonitril
2,3-Benzopyrrol
Benzpyrene
Benzylalkohol
Bernsteinsäure
Bittermandelöl
Brenzkatechin
0-(4-Brom-2,5-dichlor-phenyl)-0,0-dimenthyl-monothiophosphat
Bromofenoxim = 3,5-Dibrom-4-hydroxybenzaldoxim-0,2',4'-dinitrophenyläther
Bromophos = 0-(4-Brom-2,5-dichlor-phenyl)0,0-dimenthylmonothiophosphat
Butanol, tertiäres
Butylacetat
Butylchlorid

Captan = N-(Trichlormethylthio)-4-cyclohexan-1,2-dicarboximid
Chinolin
Chinomethionat = 6-Methyl-2,3-chinoxalin-dithiolcyclocarbonat
Chinon
Chloramine
Chloraniline
1-Chlorbutan (Butylchlorid)
2-Chlor-4-äthylamino-6-isopropylamino-1,3,5-triazin (Atrazin)
2-Chlor-4,6-di-(äthylamino)-1,3,5-triazin (Simezin)
2-Chlor-4,6-di-(isopropylamino)-1,3,5-triazon (Propazin)
Chlorierte Biphenyle
N-(3-Chlor-4-methylphenyl)-2-methylpentanamid (Pentanochlor)
p-Chlor-o-kresol
Chloroxuron = 3-(4-(4-Chlorphenoxy)-phenyl) 1,1-dimethylharnstoff
3-(4-(4-Chlorphenoxy)-phenyl)1,1-dimethylharnstoff (Chloroxuron)
N-(3-Chlorphenyl)-carbaminsäure-1-isopropylester (Chlorpropham)
N-(4-Chlorphenyl)-N,N-dimethylharnstoff (Monuron)
Chlorpropham = N(3-Chlorphenyl)-carbaminsäure-1-iso-propylester
Chlorzyan
Cyclohexanol
Cyclohexanonoxim
3-Cyclohexyl-5,6-trimethylenuracil (Lenacil)

Delapon = 2,2-Dichlorpropionsäure
Defenuron = N-Methyl-N-phenylharnstoff
Desmetryn = 2-Methylthio-4-methylamino-6-isopropylamino-1,3,5-triazin
Diaminochlorbenzol

Diäthylamin
0,2-Diäthylamino-6-methylpyrimidin-4-yl-0,0-dimethylthiophosphat (Pirimiphos-methyl)
Diäthyläther
Diäthylenglykol
Diäthylentriamin
3,5-Dibrom-4-hydroxybenzaldoxim-0,2′,4′-dinitrophenyläther (Bromofenoxim)
0,0 Dibutyl-1-butylaminocychlohexon-phosphonat (Aminophon)
Dichloraniline
Dichlobenil = 2,6-Dichlorbenzonitril
Dichlorbenzole
2,6-Dichlorbenzonitril (Dichlobenil)
Dichlordiäthyläther
Dichlormethan (Methylenchlorid)
2,4-Dichlor-4-nitro-diphenyläther (Nitrofen)
Dichlorphenole
3-(3,4-Dichlorphenyl)-1,1-dimenthylharnstoff (Diuron)
2,2-Dichlorpropionsäure (Dalapon)
Diisopropylbenzole
Dimethylamin
Dimethylaminoäthanol
4,4′-bis-Dimethylamino-triphenylcarbinol (Malachitgrün)
(N,N)-Dimethylanilin
0,0-Dimethyl-4-brom-2,5-dichlorphenyl-thionophosphat (Bromophos)
Dimenthyldioxan
N,N-Dimethylformamid
N,N-Dimethyl-N′-phenylharnstoff (Fenuron)
Dinitrobenzole
2,4-Dinitrophenol
Dinitrotoluole
Dinobuton = Isopropyl-(2-(1-methyl-n-propyl)-4,6-dinitrophenyl)-carbonat
1,4 Dioxan
Dipropylenglykol
Divinylbenzol

Essigsäureäthylester (Äthylacetat)
Essigsäure-n-butylester (Butylacetat)

Farbstoffe mit Ausnahme von zugelassenen Lebensmittelfarbstoffen
Fenuron = N,N′-Dimethyl-N-phenylharnstoff
Formamid
Fumarsäure

Furfural
Furfurylalkohol

Glykol
Guajacol

Halogenkohlenwasserstoffe
HCH, techn. = 1,2,3,4,5,6-Hexachlorcyclohexan (Isomerengemisch)
Heptan
Heptanole
Hexachlorbenzol
1,2,3,4,5,6-Hexachlorcyclohexan (Isomerengemisch (HCH, techn.)
Hexamethylendiamin
Hexamethylentetramin
Hexanitrodiphenylamin
Hydrochinon
Hydroxybutyraldehyd (Aldol)
8-Hydroxychinolin
α-Hydroxyisobuttersäurenitril (Acetonzyannitril)
Hydroxynaphthaline

Indol = 2,3-Benzopyrrol
Isoamylalkohol
Isopropyl-(2-(1-methyl-n-propyl)4,6-dinitrophenyl)-carbonat (Dinobuton)
Isozyanate

Jod

Kaliumpermanganat

Lenacil = 3-Cyclohexyl-5,6-trimethylenuracil

Malachitgrün
Maleinsäure
Mancozeb = Mangan-Zink-äthylendiamin-bis-(dithiocarbamat)
Maneb = Mangan(II)-N,N'-äthylen-bis-(dithiocarbamat)
Mangan(II)-N,N'-äthylen-bis-(dithiocarbamat) (Maneb)
Mangan-Zink-äthylendiamin-bis (dithiocarbamat) (Mancozeb)
Mercaptane
3-(Methoxycarbonylaminophenyl)-N-(3'-methylphenyl)-carbamat (Phenmedipham)
Methoxychlor = 1,1-bis-(p-methoxyphenyl)-2,2,2,-trichloräthan
1,1-bis-(p-methoxyphenyl)-2,2,2,-trichloräthan (Methoxychlor)

M-Methylanilin
Methylbenzol
3-Methylbutanol-(2) (Isoamylalkohol)
2-Methylbutanol-(2) (tertiärer Amylalkohol)
6-Methyl-2,3-chinoxalin-dithiol-cyclocarbonat (Chinomethionat)
Methyldithocarbamat
Methylenchlorid
N-Methyl-N-phenylharnstoff (Defenuron)
Methylphenylketon (Acetophenon)
2-Methylpropanol-(2) (tertiäres Butanol)
2-Methylthio-4,6-bis-(isopropylamino)-1,3,5-triazin (Prometryn)
2-Methylthio-4-methylamino-6-isopropylamino-1,3,5-triazin (Desmetryn)
Metobromuron = N-(4-Bromphenyl)-N;-methyl-N'methoxharnstoff
Metribuzin = 4-Amino-6-tert.-butyl-3-methylthio-4,5-dihydro-1,2,4,-triaazin-5-on
Milchsäure
Milchsäurenitril
Mineralöle
Monochlorphenole
Mononitrophenole
Monuron = N-(4-Chlorphenyl)-N,N-dimethylharnstoff

Naphtalin
Naphtensäuren
Naphthochinon
1-Naphthylamin-4,8-disulfonsäure
N-1-Naphthylphthalamidsäure (Naphtalam)
Naphthalam = N-1-Naphthylphthalamidsäure
Nitraniline
Nitrilotriessigsäure
4-Nitrochlorbenzol
3-Nitro-6-chlor-benzolsulfonsäure
Nitrofen = 2,4-Dichlor-4-nitro-diphenyläther
Nonanole

Octanole
Ölsäure

Pentachlorbutan
Pentachlornitrobenzol (Quintozen)
Pentachlorphenol
Pentan
Pentanochlor = N-(3-Chlor-4-methylphenyl)-2-methylpentanamid

Pentanol (Amylalkohol)
Phanathren
Phenmedipham = 3-(Methoxycarbonylaminophenyl)-N-(3'-methylphenyl)-carbamat
1-Phenyl-4-amino-5-chlorpyridazon-(6) (Pyrazon)
N-Phenyl-carbaminsäure-isopropylester (Propham)
Phenylendiamine
Phenylmercaptan
Phleroglycin
Pikraminsäure
Pikrinsäure
Pirimiphos-methyl = 0,2-Diäthylamino-6-methylpyrimidin-4-yl-0,0-dimethylthiophosphat
Polyäthylenglykol
Polycarbazin = Komplex des Zinksalzes der Äthylen-bis-dithiocarbaminsäure mit Äthylen-bis-thiuramidsulfid
Primäre aliphatische Amine
Prometryn = 2-Methylthio-4,6-bis-(isopropylamino)-1,3,5-triazin
Propazin = 2-Chlor-4,6-di-(isopropylamino)-1,3,5-triazin
Propham = N-Phenyl-carbaminsäure-isopropylester
Propineb = Zink-N,N'-propylen-1,2-bis-(dithiocarbamat)
Propylbenzol
1,2-Propylenoxid
Pyrazon = 1-Phenyl-4-amino-5-chlorpyridazon-(6)
Pyridinbasen
Pyrogallol

Quintozen = Pentachlornitrobenzol

Resorcin

Schwefelwasserstofflösung
Schweflige Säure und ihre Salze
Silosickersaft
Simazin = 2-Chlor-4,6-di-(äthylamino)-1,3,5-triazin
Stoffe, die zur Eutrophierung führen, wie stickstoff-phosphor- und kalihaltige anorganische und organische Düngemittel
Stoffe, die zum Versalzen bzw. zur Aufhärtung führen, wie salzhaltige Abwässer, z. B. aus dem Bergbau, Aufbereitung und sonstiger Verarbeitung, insbesondere der Kaliindustrie, Beizereien und Galvanikbetrieben

Terbutryn = 4-Äthylamino-2-tert.-butylamino-6-methyl-thio-s-triazin
Tetraäthylen-pyrophosphat
Tetrachlorbenzol

2,4,4,5,-Tetrachlordiphenylsulfon (Tetradifon)
Tetrachlorheptan
Tetrachlorpentan
Tetradifon = 2,4,4',5-Tetrachlordiphenylsulfon
1,2,3,6-Tetrahydro-3,6-dioxo-pyridazin
Tetrahydronaphtalin
Thioharnstoff
Thiophenol (Phenylmercaptan)
Thiophen
Toluol (Methylbenzol)
Tolylmercaptan
Triäthylamin
1,1,1-Trichloräthan
N-(Trichlormethylthio)-4-cyclohexan-1,2-dicarboximid (Captan)
Trichlorphenole
1,4-bis-(2,2,2-trichlor-1-formamidoäthyl)-piperazin (Triforine)
Triforine = 1,4-bis-(2,2,2-trichlor-1-formamidoäthyl)-piperazin
2,4,6-Trintrophenol (Pikrinsäure)
Trinitrotulhol

Verbindungen von
  Kobalt
  Mangan
  Molybdän
  Nickel
  Titan
  Vanadium
  Wolfram

Xylenole
Xylole

Zineb = Zink-äthylen-bis-(dithiocarbamat)
Zink-äthylen-bis-dithiocarbamat (Zineb)
Zink-(N,N'-propylen-1,2-bis-(dithiocarbamat) (Propineb)

[1]) Pflanzenschutzmittelverzeichnis, herausgegeben von der Akademie der Landwirtschaftswissenschaften der DDR, Institut für Pflanzenschutzforschung Kleinmachnow — Biologische Zentralanstalt Berlin, 1532 Kleinmachnow, Stahnsdorfer Damm 81.

[2]) Wasserschadstoffkatalog, herausgegeben vom Institut für Wasserwirtschaft, 119 Berlin, Schnellerstr. 140.

Mitteilung über die Toxikologischen Auskunftsdienste der DDR

vom 12. Januar 1978

(VuM MfGe Nr. 2 S. 15)

i. d. F. der Mitteilung Nr. 2 vom 20. Juni 1978 (VuM MfGe Nr. 6 S. 42) und der Mitteilung Nr. 3 vom 8. Februar 1979

(VuM MfGe Nr. 3 S. 52)

Die nachfolgend genannten Toxikologischen Auskunftsdienste erteilen unabhängig von der gem. § 6 des Giftgesetzes vom 7. April 1977 (GBl. I Nr. 10 S. 103) erfolgten Einrichtung des Zentralen Toxikologischen Auskunftsdienstes am Institut für Arzneimittelwesen der DDR weiterhin Auskünfte zur fachlichen Information von Ärzten

Berlin Institut für Pharmakologie und Toxikologie der Humboldt-Universität Berlin

1080 Berlin, Clara-Zetkin-Str. 94
Telefon: Tag und Nacht durchgehend
Berlin 2 20 24 10

Leipzig Institut für Pharmakologie und Toxikologie der Karl-Marx-Universität Leipzig

7010 Leipzig, Härtelstr. 16–18
Telefon: tagsüber Montag bis Freitag
Leipzig 31 9 16
nachts sowie Sonnabend und Sonntag
Leipzig 20 00 32 oder 7 97 50

Magdeburg Institut für Pharmakologie und Toxikologie der Medizinischen Akademie Magdeburg

3000 Magdeburg, Leipziger Str. 42–44
Telefon: Tag und Nacht durchgehend
Magdeburg 61 63 14

Dresden Institut für Pharmakologie und Toxikologie Dresden

8010 Dresden, Lingnerplatz
Telefon: Montag bis Freitag von 8.00 bis 16.00 Uhr
Dresden 68 31 60

Erfurt Institut für Pharmakologie und Toxikologie der Medizinischen Akademie Erfurt

5000 Erfurt, Nordhäuserstr. 74
Telefon: Montag bis Freitag von 7.30 bis 16.30 Uhr
Erfurt 50 20 51

Greifswald Institut für Pharmakologie und Toxikologie der Ernst-Moritz-Arndt-Universität Greifswald

2200 Greifswald, Friedrich-Löffler-Str. 23 D
Telefon: Montag bis Freitag 7.30 bis 16.45 Uhr
Greifswald 2211

Rostock Universitäts-Kinder- und Poliklinik Rostock

250 Rostock, Rembrandtstr. 16 – 17
Telefon: bis 22.00 Uhr Rostock 396785
ab 22.00 Uhr Rostock 396766
(vorwiegend für Schadensfälle bei Kindern)

Halle Institut für Pharmakologie und Toxikologie der Martin-Luther-Universität Halle – Wittenberg

4020 Halle/Saale, Leninallee 4
Telefon: Montag bis Freitag 7.30 – 16.45 Uhr
Halle 21739

Jena Institut für Pharmakologie und Toxikologie der Friedrich-Schiller-Universität Jena

6900 Jena, Löbderstr. 1
Telefon: Montag bis Freitag 7.30 – 17.00 Uhr
Jena: 8224250

Kapitelinhaltsverzeichnis

Kapitel I

Zivilrecht, Wirtschaftsrecht, Versicherungsrecht, Strafrecht, Prozeßrecht

Verordnung über die Erweiterung des Versicherungsschutzes bei Unfällen in Ausübung gesellschaftlicher, kultureller oder sportlicher Tätigkeiten

vom 11. April 1973

(GBl. I Nr. 22 S. 199)

Zur Verwirklichung des gemeinsamen Beschlusses des Zentralkomitees der Sozialistischen Einheitspartei Deutschlands, des Bundesvorstandes des Freien Deutschen Gewerkschaftsbundes und des Ministerrates der Deutschen Demokratischen Republik vom 27. April 1972 über sozialpolitische Maßnahmen in Durchführung der auf dem VIII. Parteitag beschlossenen Hauptaufgabe wird in Übereinstimmung mit dem Bundesvorstand des Freien Deutschen Gewerkschaftsbundes folgendes verordnet:

§ 1

(1) Bürger, die bei organisierten gesellschaftlichen, kulturellen oder sportlichen Tätigkeiten einen Unfall erleiden, erhalten Leistungen der Sozialversicherung und *betriebliche Lohnausgleichszahlungen*[1]) wie bei einem Arbeitsunfall.

(2) Organisierte gesellschaftliche, kulturelle oder sportliche Tätigkeiten sind insbesondere

- ehrenamtliche gesellschaftliche Tätigkeiten, Tätigkeiten im Rahmen der volkswirtschaftlichen Masseninitiative[2]) und Nachbarschaftshilfe sowie aktive kulturelle und sportliche Betätigung,
- Teilnahme an Versammlungen, Kundgebungen, Demonstrationen, Schulungen, Beratungen, Feierstunden und ähnlichen Veranstaltungen,

die von Parteien, demokratischen Organisationen, der Nationalen Front der Deutschen Demokratischen Republik, staatlichen oder wirtschaftsleitenden Organen, Betrieben, Kombinaten, staatlichen Einrichtungen oder Genossenschaften organisiert sind.

§ 2

Organisierten gesellschaftlichen, kulturellen und sportlichen Tätigkeiten sind gleichgestellt:

a) Erfüllung der Pflichten, die sich für Wehrpflichtige entsprechend den Rechtsvorschriften außerhalb des Wehrdienstes ergeben,

b) Rettung oder versuchte Rettung anderer Bürger aus Lebensgefahr; Hilfeleistung bei Unglücksfällen, allgemeinen Gefahren und gegenüber Beauftragten der Staatsmacht; Schutz anderer Bürger gegen widerrechtliche Angriffe; Heranziehung oder freiwilliger Einsatz im Interesse der öffentlichen Ordnung und Sicherheit, bei Bränden, Havarien oder Katastrophen sowie im Rahmen der Zivilverteidigung.

c) Blutspenden zum Zwecke der Blutübertragung oder zur Gewinnung von Antiseren und Human-Immunplasmen bzw. die dazu erforderlichen Vorbereitungen, Immunisierungsmaßnahmen sowie Organspenden,
d) ärztlich angeordnete und in speziellen Therapieabteilungen durchgeführte Arbeitstherapie, unter medizinisch fachlicher Anleitung durchgeführte sportliche Betätigung sowie die in stationären Einrichtungen durchgeführte Stufenpflege,
e) der Besuch der zehnklassigen bzw. erweiterten allgemeinbildenden polytechnischen Oberschule, Spezialschule, Spezialklasse oder Sonderschule und die Teilnahme der Schüler an der Tageserziehung, an außerschulischen Veranstaltungen sowie an der organisierten Feriengestaltung,
f) Teilnahme von Studenten und Lehrlingen an der organisierten Ferien- und Urlaubsgestaltung,
g) Arbeitseinsätze für Arbeiterwohnungsbaugenossenschaften, für gemeinnützige Wohnungsbaugenossenschaften und beim staatlich geförderten Bau von Eigenheimen,
h) bezahlte Tätigkeiten in Betrieben oder sozialistischen Produktionsgenossenschaften, die nach den Rechtsvorschriften nicht sozialversicherungspflichtig sind.

§ 3

(1) Für die Anerkennung des Unfalles als ein dem Arbeitsunfall gleichgestellter Unfall (nachfolgend Unfall genannt) und für die Gewährung der Leistungen gelten die entsprechenden Rechtsvorschriften.
(2) Für die Folgen eines Unfalles besteht Anspruch auf Sachleistungen, Unfallrente, Pflegegeld, Sonderpflegegeld und Blindengeld. Tritt infolge eines Unfalles der Tod ein, so besteht Anspruch auf Bestattungsbeihilfe und Unfallhinterbliebenenrente.
(3) Bürger, die bei einem Arbeitsunfall Anspruch auf Geldleistungen der Sozialversicherung haben, erhalten diese Geldleistungen auch bei Arbeitsunfähigkeit infolge eines Unfalles.
(4) Bürger, die bei einem Arbeitsunfall Anspruch auf *Lohnausgleichszahlung* oder eine dem Lohnausgleich entsprechende Ausgleichszahlung haben, erhalten diese auch bei Arbeitsunfähigkeit infolge eines Unfalles.
(5) Die Gewährung der Leistungen der Sozialversicherung erfolgt durch die zuständige Sozialversicherung, für nicht sozialversicherte Bürger durch die Sozialversicherung der Arbeiter und Angestellten.

§ 4

(1) Der Anspruch auf Unfallrente von nicht sozialpflichtversicherten Bürgern besteht nach Ablauf von 26 Wochen, gerechnet vom Tag des Unfalles, frühestens ab Vollendung des 16. Lebensjahres.
(2) Wird der Schulbesuch vor Vollendung des 16. Lebensjahres beendet, besteht Anspruch

auf Unfallrente ab Beendigung des Schulbesuches, frühestens nach Ablauf von 26 Wochen, gerechnet vom Tag des Unfalles.
(3) Pflegegeld, Sonderpflegegeld bzw. Blindengeld wird von der Sozialversicherung auch vor Vollendung des 16. Lebensjahres gewährt, wenn gemäß den Absätzen 1 und 2 noch keine Unfallrente gezahlt werden kann.

§ 5

(1) Für Bürger, die z. Z. des Unfalles nicht sozialpflichtversichert sind, wird die Unfallrente und die Bestattungsbeihilfe auf der Grundlage eines beitragspflichtigen monatlichen Durchschnittsverdienstes entsprechend der Ausbildung und den Fähigkeiten z. Z. des Unfalles berechnet.
(2) Ereignet sich der Unfall vor Beendigung des Besuches der zehnklassigen bzw. erweiterten allgemeinbildenden polytechnischen Oberschule, Spezialschule, Spezialklasse oder Sonderschule, ist der Berechnung der Unfallrente der beitragspflichtige monatliche Durchschnittsverdienst zugrunde zu legen, der nach Beendigung der Schulausbildung bzw. nach Beendigung der Berufsausbildung erzielt werden würde. Die Festsetzung dieses Durchschnittsverdienstes erfolgt unter Beachtung der Beurteilung der Schule durch die zuständige Sozialversicherung.

§ 6

(1) Der Unfall ist von dem für die jeweilige Tätigkeit Verantwortlichen bzw. vom Bürger selbst innerhalb von 4 Tagen

a) bei sozialpflichtversicherten Bürgern dem Betrieb bzw. der Genossenschaft,
b) bei Schülern und Studenten der Schule bzw. Hoch- oder Fachschule,
c) bei allen anderen Bürgern der für die Leistungsgewährung zuständigen Sozialversicherung

zu melden.
(2) Die im Abs. 1 Buchstaben a bis c genannten Institutionen sind verpflichtet, den Unfall entsprechend den Rechtsvorschriften der zuständigen Arbeitsschutzinspektion zu melden. Die Unfallmeldung ist mit einem GT (gesellschaftliche Tätigkeit) zu kennzeichnen.

§ 7

Sind Unfälle ab 1. Juli 1968 bei Tätigkeiten eingetreten, die gemäß § 1 oder § 2 erstmalig in den Versicherungsschutz einbezogen wurden, besteht ab 1. Juli 1973 für die verbliebenen Unfallfolgen Anspruch auf Leistungen nach dieser Verordnung.

§ 8

Durchführungsbestimmungen erläßt der Staatssekretär für Arbeit und Löhne im Einvernehmen mit dem Minister der Finanzen und den Leitern der zuständigen zentralen Staatsorgane sowie in Übereinstimmung mit dem Bundesvorstand des Freien Deutschen Gewerkschaftsbundes.

§ 9

(1) Diese Verordnung tritt am 1. Juli 1973 in Kraft.

(2) Gleichzeitig treten außer Kraft:

- Verordnung vom 15. März 1962 über die Erweiterung des Versicherungsschutzes bei Unfällen (GBl. II Nr. 15 S. 123),
- § 4 der Zweiten Verordnung vom 25. Juni 1968 über die Änderung gesetzlicher Bestimmungen auf dem Gebiet der Sozialversicherung (GBl. II Nr. 74 S. 537),
- § 3 Abs. 2 der Zweiten Verordnung vom 4. Juni 1969 über die Beschwerdekommissionen für Sozialversicherung des Freien Deutschen Gewerkschaftsbundes (GBl. II Nr. 50 S. 329),
- Anordnung Nr. 4 vom 19. September 1969 zur Verordnung über die Erweiterung des Versicherungsschutzes bei Unfällen (GBl. II Nr. 79 S. 487).

[1]) Gemäß §§ 281 ff. des Arbeitsgesetzbuches der DDR vom 16. 6. 1972 (GBl. I Nr. 18 S. 185) besteht bei Krankheit, Arbeitsunfall, Berufskrankheit und Quarantäne jetzt Anspruch auf Krankengeld als Leistung der Sozialversicherung zumindest in Höhe der bis zum Inkrafttreten des AGB in den gleichen Fällen zustehenden Krankengeld- und Lohnausgleichszahlungen zusammen.

[2]) Z. Z. Wettbewerb der Nationalen Front der Deutschen Demokratischen Republik „Schöner unsere Städte und Gemeinden — Mach mit!“

Anordnung über die Erweiterung der materiellen Unterstützung der Bürger bei Schäden infolge medizinischer Eingriffe

vom 16. Dezember 1974

(GBl. I 1975 Nr. 3 S. 59)

Auf der Grundlage des Gemeinsamen Beschlusses des Politbüros des ZK der SED, des Ministerrates der DDR und des Bundesvorstandes des FDGB vom 25. September 1973 über weitere Maßnahmen zur Durchführung des sozialpolitischen Programms des VIII. Parteitages der SED wird im Einvernehmen mit den Leitern der zuständigen zentralen staatlichen Organe und in Übereinstimmung mit dem Bundesvorstand des FDGB folgendes angeordnet:

§ 1

(1) Tritt im ursächlichen Zusammenhang mit einem medizinischen Eingriff eine erhebliche Gesundheitsschädigung auf, die trotz richtigen und pflichtgemäßen Handelns im krassen Mißverhältnis zu dem Risiko steht, das auf Grund des medizinischen Eingriffs vorhergesehen werden konnte, wird Bürgern der DDR eine erweiterte materielle Unterstützung gewährt.

(2) Eine erhebliche Gesundheitsschädigung liegt vor bei einer schweren Störung von Körperfunktionen oder einem Körperschaden, der eine wesentliche Änderung der bisherigen Arbeits- und Lebensbedingungen des Geschädigten zur Folge hat.

(3) Medizinische Eingriffe im Sinne dieser Anordnung sind alle diagnostischen und therapeutischen Maßnahmen, die mit operativ-chirurgischen oder anderen instrumentellen Handlungen verbunden sind.

(4) Der ursächliche Zusammenhang zwischen dem medizinischen Eingriff und der Gesundheitsschädigung ist durch ärztliche Begutachtung festzustellen.

§ 2

(1) Eine erweiterte materielle Unterstützung wird gewährt bei

a) einer schweren Störung von Körperfunktionen durch bevorzugte Belieferung mit Versehrtenfahrzeugen, Prothesen und anderen technischen Hilfsmitteln sowie Kurverschickung durch die Sozialversicherung;

b) einem Körperschaden, der eine wesentliche Änderung der bisherigen Arbeits- und Lebensbedingungen des Geschädigten zur Folge hat, durch eine finanzielle Beihilfe durch die Staatliche Versicherung der DDR.

(2) Die materielle Unterstützung kann auch Maßnahmen der Rehabilitation, insbesondere die Umschulung auf einen anderen Beruf u. ä. umfassen.

§ 3

Als finanzielle Beihilfen werden gewährt:

a) Unterstützung in Höhe von 90% des Nettodurchschnittsverdienstes für die Dauer der Arbeitsunfähigkeit. Die Leistungen der Sozialversicherung und der Betriebe werden voll angerechnet.

b) monatliche Rentenzahlungen entsprechend den Rechtsvorschriften der Sozialversicherung über die Gewährung von Unfallrenten[1]). Die Berechnungsgrundlage für Nichtberufstätige ist der Mindestbruttolohn.
Beginn und Berechnung der Renten für Kinder und Jugendliche bestimmen sich nach den Grundsätzen der §§ 4 und 5 der Verordnung vom 11. April 1973 über die Erweiterung des Versicherungsschutzes bei Unfällen in Ausübung gesellschaftlicher, kultureller oder sportlicher Tätigkeiten (GBl. I Nr. 22 S. 199).[2])

c) Pflegekostenbeitrag an Erziehungsberechtigte bzw. gesetzliche Vertreter, wenn diese die Pflege des Geschädigten übernehmen und aus diesem Grunde keine Berufstätigkeit ausüben können. Das Pflegegeld wird bis zur Höhe des Betrages gezahlt, der einer Pflegekraft zu zahlen wäre. Wird Pflegegeld von der Sozialversicherung gezahlt, ist es in voller Höhe anzurechnen.

d) – im Todesfalle eines Unterhaltsverpflichteten eine einmalige Zahlung in der Höhe des letzten Jahresbruttoverdienstes an die Unterhaltsberechtigten;
– im Todesfalle eines Erwachsenen ohne Unterhaltsverpflichtungen oder eines Kindes oder Jugendlichen ohne eigenen Arbeitsverdienst eine einmalige Beihilfe in Höhe von 1 000 M an die Familienangehörigen;

e) eine einmalige Entschädigung bei Entstellungen, die die Teilnahme am gesellschaftlichen Leben erheblich erschweren.

§ 4

Ansprüche des Bürgers wegen einer Gesundheitsschädigung auf Grund von Rechtsvorschriften über die materielle Verantwortlichkeit bleiben von dieser Anordnung unberührt.

§ 5

(1) Der Leiter der Gesundheitseinrichtung hat den Kreisarzt von jeder erheblichen Gesundheitsschädigung nach § 1 Abs. 1 innerhalb von 8 Tagen nach Bekanntwerden der entsprechenden Umstände schriftlich unter Darlegung des Sachverhalts in Kenntnis zu setzen. Liegt in diesem Zusammenhang eine Eingabe des Geschädigten vor, ist diese ebenfalls an den Kreisarzt weiterzuleiten und der Bürger entsprechend zu informieren.
(2) Der Kreisarzt beauftragt den Kreisgutachter mit der Beiziehung aller zur Begutachtung erforderlichen Unterlagen und übersendet diese an den Bezirksgutachter, der eine Begutachtung durch die Bezirksgutachterkommission veranlaßt.

§ 6

(1) Die Bezirksgutachterkommission stellt fest, ob eine erhebliche Gesundheitsschädigung vorliegt und ein ursächlicher Zusammenhang zwischen dem medizinischen Eingriff und der erheblichen Gesundheitsschädigung besteht. Die Entscheidung wird unterMitwirkung je eines Vertreters des Bezirksvorstandes des FDGB, der Sozialversicherung und der Staatlichen Versicherung der DDR getroffen. In der Entscheidung ist im einzelnen festzulegen, welche materielle Unterstützung nach § 2 zu gewähren ist.
(2) Verantwortlich für die Gewährung der materiellen Unterstützung sind

1. der Kreisvorstand des FDGB, Verwaltung der Sozialversicherung bzw. die Sozialversicherung bei der zuständigen Kreisdirektion der Staatlichen Versicherung der DDR hinsichtlich der Maßnahmen aus § 2 Abs. 1 Buchst. a,
2. die Bezirksdirektion der Staatlichen Versicherung der DDR hinsichtlich der Maßnahmen aus § 2 Abs. 1 Buchst. b. Sie legt Höhe und Umfang der finanziellen Beihilfe fest.
3. der Rat des Kreises, Abteilung Gesundheits- und Sozialwesen, hinsichtlich der Maßnahmen aus § 2 Abs. 2.

Die örtliche Zuständigkeit ergibt sich aus dem Wohnsitz des Geschädigten.

§ 7

(1) Entscheidungen der Bezirksgutachterkommission sind der Zentralstelle für Ärztliches Begutachtungswesen zur Bestätigung vorzulegen. Nach Bestätigung übermittelt die Bezirksgutachterkommission den im § 6 Abs. 2 genannten Organen die Entscheidung und die entsprechenden Unterlagen zur weiteren Veranlassung.
(2) Erkennt die Zentralstelle für Ärztliches Begutachtungswesen im Falle einer ablehnenden Entscheidung der Bezirksgutachterkommission das Vorliegen einer erheblichen Gesundheitsschädigung an, beauftragt sie die Bezirksgutachterkommission, die notwendigen Maßnahmen nach Abs. 1 zu treffen.

§ 8

(1) Ist ein Bürger, bei dem eine Gesundheitsschädigung nach dieser Anordnung festgestellt wurde, mit der Festlegung der Höhe oder des Umfangs der finanziellen Beihilfe durch die Bezirksdirektion der Staatlichen Versicherung der DDR nicht einverstanden (§ 6 Abs. 2 Ziff. 2), hat er das Recht des Einspruchs.
(2) Der Einspruch ist innerhalb von 4 Wochen nach Zugang der Entscheidung schriftlich an die Hauptverwaltung der Staatlichen Versicherung der DDR zu richten. Diese entscheidet innerhalb von 4 Wochen endgültig über den Einspruch.
(3) Die Bürger sind über ihr Einspruchsrecht gemäß Abs. 1 und die Einspruchsfrist gemäß Abs. 2 schriftlich zu belehren.

§ 9

Die Zentralstelle für Ärztliches Begutachtungswesen legt dem Minister für Gesundheitswesen jährlich eine Analyse der anerkannten erheblichen Gesundheitsschädigungen vor.

§ 10

Diese Anordnung findet Anwendung auf alle erheblichen Gesundheitsschädigungen im Zusammenhang mit medizinischen Eingriffen, die nach dem 1. September 1968 durchgeführt wurden.

§ 11

Diese Anordnung tritt mit ihrer Veröffentlichung in Kraft.[3])

[1]) Verordnung vom 4. April 1974 über die Gewährung und Berechnung von Renten der Sozialversicherung — Rentenverordnung — (GBl. I Nr. 22 S. 201).
[2]) Abgedruckt unter I **03** 60.
[3]) In Kraft getreten am 20. 1. 1975.

Sachregister

Das Sachregister enthält in alphabetischer Reihenfolge alle relevanten Schlagwörter mit den entsprechenden Fundstellen in der Sammlung.
Bei sehr umfangreichen Rechtsnormen sind zusätzlich zu den Registernummern die §§ bzw. Ziffern angegeben, unter denen die gesuchten Sachverhalte zu finden sind.
Gesonderte Hinweise auf den Kommentar erfolgen im allgemeinen nicht; der Zugang erfolgt über die entsprechende Gesetzesstelle. Zum Beispiel würde die Fundstelle C **01** 13 § 3 sowohl zu § 3 der 12. DB zum AMG als auch auf die betreffenden Ausführungen des dazugehörigen Kommentars führen.
Soweit spezielle Begriffe **nur** im Kommentar vorkommen, erfolgt ein gesonderter Hinweis darauf.
Bei einer Reihe umfangreicher Dokumente wurde aus Gründen der Erhaltung der Übersichtlichkeit des Registers auf die Aufnahme der Vielzahl der möglichen Schlagwörter verzichtet. In diesen Fällen ist den Dokumenten jeweils eine Inhaltsübersicht unmittelbar vorgeschaltet.
Das vorliegende Sachregister enthält bereits die Schlagwörter der 4. Lieferung, die demnächst ausgeliefert wird.

FSC
www.fsc.org
MIX
Papier | Fördert gute Waldnutzung
FSC® C083411

Kolibri 360 GmbH
Ferdinand-Jühlke-Straße 7
99095 Erfurt, Deutschland
produktsicherheit@kolibri360.de